高校武术运动传承与发展研究

吴雪琴　武兴东　李万友　著

北京工业大学出版社

图书在版编目（CIP）数据

高校武术运动传承与发展研究 / 吴雪琴，武兴东，李万友著．— 北京 ：北京工业大学出版社，2025.7重印
ISBN 978-7-5639-7097-1

Ⅰ．①高… Ⅱ．①吴… ②武… ③李… Ⅲ．①武术－体育教学－教学研究－高等学校 Ⅳ．①G852.02

中国版本图书馆 CIP 数据核字（2019）第 257046 号

高校武术运动传承与发展研究

著　　者：吴雪琴　武兴东　李万友
责任编辑：邓梅菡
封面设计：点墨轩阁
出版发行：北京工业大学出版社
（北京市朝阳区平乐园 100 号　邮编：100124）
010-67391722（传真）　bgdcbs@sina.com
经销单位：全国各地新华书店
承印单位：三河市元兴印务有限公司
开　　本：787 毫米 ×1092 毫米　1/16
印　　张：10.5
字　　数：210 千字
版　　次：2021 年 10 月第 1 版
印　　次：2025年7月第4次印刷
标准书号：ISBN 978-7-5639-7097-1
定　　价：56.00 元

版权所有　　翻印必究

（如发现印装质量问题，请寄本社发行部调换 010-67391106）

前　言

作为武术传承和发展的基石，学校的武术教育至关重要，它关系着中华传统文化和民族精神在高校学生间的传承和弘扬，关系着教书育人的教育目标能否最终实现。作为传统的民族体育项目，作为中华传统文化的优秀代表，中华武术已经逐步走向世界，被世界所接受。高校作为学校教育的最后阶段，也是育人的重要阶段，理应承担起在高校中传播武术项目及其文化内涵的重任，促进武术文化在中华大地的传播，促进武术运动的国际化道路。

全书共八章。第一章为绪论，主要包括武术概念诠释、武术的流派与分类以及武术的基本功能；第二章为武术的文化意蕴与发展源流，主要阐述了武术运动的起源与发展和武术运动的文化内涵及其价值；第三章为传统武术与其他学科发展研究，主要阐述了传统武术与运动的相关学科、传统武术与竞赛管理学科以及传统武术与现代技术学科；第四章为传统武术教学课程体系的建设与发展，主要阐述了传统武术教学的现状分析、传统武术教学体系理论与发展探索以及传统武术课程设置理论与发展探索；第五章为传统武术训练与竞赛体系的建设与发展，主要阐述了传统武术训练体系的建设与发展和传统武术竞赛体系的建设与发展；第六章为传统武术文化传承与发展的理论探索，主要阐述了传统武术文化传承的理论探索和传统武术文化发展的理论探索；第七章为传统武术运动在高校中的传承与发展，主要阐述了传统武术在高校中的开展现状、武术文化在高校教育中的传承与发展以及传统武术在高校中传承与发展的途径；第八章为传统武术传承与发展体系的多元构建，主要阐述了多元文化视角下传统武术的传承与发展、现代社会背景下社会武术的传承与发展以及经济全球化背景下传统武术的产业化发展和竞技体育背景下传统武术的竞技化发展。

为了确保研究内容的丰富性和多样性，笔者在写作过程中参考了大量理论与研究文献，在此向涉及的专家学者表示衷心的感谢。

最后，由于笔者水平有限，加之时间仓促，本书难免存在一些疏漏，在此，恳请同行专家和读者朋友批评指正！

目　录

第一章　绪　论

武术作为中华的传统文化，在国家全面提升文化软实力的过程中起到了重要作用，同时也成了让外界了解中国文化的一个重要的窗口。本章主要对武术的概念、流派与分类以及武术的基本功能做了系统阐述。

第一节　武术概念诠释

一、重要观点

关于武术的概念问题，不少学者已进行过相关论述，撰写过不少释意的文章，主要包括以下观点。

①概念是事物本质特征的描述，是关于某一事物思维的起点。按逻辑学的观点论，概念是对特定事物判断、推理和论证的基础，因此，要说明或者研究某一种事物，首先得开宗明义地说明其概念，武术作为体育项目的一种也应如此。

②认为武术的概念在不同的历史时期有不同的表述，这是与武术本身的社会价值相联系的。在远古和冷兵器时代的历史阶段，武术是以一种搏击技术而存在的，其主要社会功能是生存谋食或军事取胜的手段。随着社会的变迁、生产力的发展，武术早已随着社会的需要进化成一种传统的体育项目，成为健身、修身的重要手段。武术发展到当今，人们新的价值取向使武术走向现代化发展，武术的概念将有新的概述，武术的搏击实用功能将逐渐淡化，其内容和形式也将逐步向高、难、美、新方向发展，但是武术始终是围绕“技击”这一本质特征而变化、精炼、发展提高的，也就是说，技术本身的技击特点是永远不会消失的，这是由武术的本质属性所决定的。

③武术运动内容丰富，形式多样。例如，有徒手和器械，有单练和对练，有演练性的套路形式，亦有对抗性的搏斗竞技，包含和汇集了不同地域、不同民族的独具特点的传统拳种，这些风格内容各异的拳种和搏击方法具有各自的本质属性和运动规律，对于整体武术概念来说，它所综合的属性，应是整体武术内容中的共性的本质属性，而不是这些拳种的“偶有属性”。而众多的“偶有属性”正是整体武术共性属性的基础。

金岳霖认为："概念有两个重要方面，这就是概念的内涵与外延"，温力在《中国武术概论》中更确切地表述了概念的内涵就是概念所反映的事物的本质属性，也就是该事物赖以区别其他事物的特殊矛盾。概念的外延就是具有概念所反映的本质属性的事物，上位概念就是与外延相同性质的一种概念。按照逻辑学中的观点，可以将武术内涵、外延和上位概念综合为以下几点。

①存在"技击"这一区别于其他体育项目的根本特点，这是其内涵。

②有套路演练的运动形式和其他非套路形式的对抗运动，这是其外延。

③是民族文化遗产，是体育项目，这是其上位概念。

二、武术概念分析

（一）武术的内涵

武术的内涵（即本质属性，或者说区别于其他事物的特殊矛盾）是技击性，可从如下几点论证。

1. 从字形上分析

拆开武字是止、戈二字，常任侠在《中国古典艺术》一书中提出："武字甲骨文、篆文均从戈从止，金文亦从戈，作人持戈、持干、持戊前进的样子"。

许慎在《说文解字》中曾说："夫武，定功戢兵，故止戈为武。"意思是打了胜仗，收兵回营。"戈"是兵器，"止"是停止之意，整个武字是停止打仗之意，实质上此种解释并非武字本意。《说文解字注》中曾说："止下基。象艸（草）木出有阯。故以止为足……以止为人足之称与以子为人之称正同。"也就是说草木为止，引申为人足为止，足即指人也。古代文字专家都认为"止"是足，足亦指人，所以常任侠在《中国古典艺术》一文中理解为像人持戈前进或荷戈出征打仗的意思，是有其文字依据的。"止"在用法上有禁止、阻止之意，"戈"就是搏击中的武器，寓有矛盾之意。

"術"从行术声，把"术"写到"行"中就成了"術"，甲骨文和金文中的术均像四通八达的街中的十字之道，如此看来，术的含义是后人引申的，引申为技术方法的意思。

按"武""術"二字的字形演化、引申的内涵议，武术即搏击的方法和手段。

2. 从字义上分析

武字可解释为"威力服人"之意，也可解释为"讲武论勇"之意。《辞海》注释为"干戈军旅之事"。

术即整军经武的方法和技术。《韩非子·定法》中说："术者……操杀生之柄，课群臣之能者也。"《礼记·乡饮酒义》中说："古之学术道者，将以得身也。"因此，武术从字义上讲是一种击、力、技、法的方法。

3. 从武术的内容分析

武术的本质特征是技击，武术的套路和对抗运动形式均充满了攻防技击内容。《礼记》中称此内容为“执技论力”，《荀子》和《汉书》中又叫“技击”，自汉以后又称“手搏”之技，《纪效新书·拳经捷要篇》读道：“学拳要身法活便，手法便利，脚步轻固，进退得宜。腿可飞腾，而其妙也；颠番倒插，而其猛也；披劈横拳，而其快也；活捉朝天，而其柔也。知当斜闪……”渤海马三在武术文稿中总结岳山派八极拳时，称八极拳就有六大开、四大法、八大招、十二路、六肘头等，光招法就有大招、小招、虚招、实招、单招、活招、绝招、变招、攻招、巧招等十二种之多，这已充分说明武术中的攻防内容是非常丰富的，其本质特征已显而易见。

（二）武术的外延分析

1. 从武术名词演变分析

武术一词最早叫“舞”，春秋战国时期，武术称技击、角力，讲“拳勇股肱”“执技论力”等词，从魏晋南北朝的弁、卞手搏之称到伎土之士、白打、走花，乃至民国期间的国术，现代的功夫之称等，我们窥见武术中的“舞”（即套路运动）与对抗中的“搏”总是交相辉映、交叉发展，武术中的舞是攻防动作的串联和发展，是搏击技法传承的基本形式和手段，实用技法的对抗形式又为丰富搏击内容开拓了全新的途径，两者相得益彰、互相借鉴、彼此增辉，此乃西方搏击技艺所不及的。

2. 从武术的性质分析

武术套路中各种动作的攻防方法来自实战中的攻防技术，但又区别于原始的实战技能。经过几千年劳动人民的经验总结和积累，武术以增强体质为中心的体育价值，愈来愈被人们系统整理和完善化，成为人们增强体质、陶冶情操、延年益寿的重要手段。史册中大量地记载着武术的体育性质，《少林十戒》第十条说：“习此技艺者，以增强体魄为要旨。”《拳经捷要篇》中的第一句就是“拳法似无预于大战之技，然活动手足，惯勤肢体，此为初学人艺之门也。”又如按“熊经鸟申”的理论研究的八段锦、五禽戏，其目的也是“流水不腐，户枢不蠹”也，拳谚中称“常常练武术，不用上药铺”“外练筋骨皮，内练一口气”，武术高度的健身价值已被人们所认识和接受。

武术是民族宝贵的文化遗产，文化作为一种历史现象，泛指人类社会在历史实践过程中所创造的一切物质财富和精神财富的总和。文化在阶级社会中，具有鲜明的阶级性，随着不同民族的繁荣和发展，文化也逐渐具有鲜明的民族特色，文化从广义上理解，它涵盖意识形态、生活方式和精神的物化产品三方面特定的有机组合体，是人的生命活动发展的特殊形式，人的社会生活、科学技术、思想观念、文学艺术、体育卫生、风俗习惯、道德意识乃至人们的衣食住行等都在此概念之列。武术是我国劳动人民经过几千年的实践总结的、本民族固有的、代表本民族进步的、积极开展生命活动及其方式与成果的类化物，理应属于文化的范畴，透过武术运动这种文化形式可以反映出中华民族的特殊行为观念与其他民族的差异，是中华民族社会生活和民俗风情习惯的缩影，正如民族的京剧、杂技、书法国画等一样，体育中的武术也反映了中华民族的特点和习惯，因此，武术是民族的，是宝贵的文化遗产。

中华民族是伟大的民族，它灿烂的文化遗产，一直为世界人民所重视、敬佩，武术作为一种文化遗产，在长期的交往中很早就传到了国外，首先是日本、东南亚各国，后来发展到全世界，中华武术以其独特的魅力和特有的健身修身功能引起了越来越多的习练者的青睐。孙中山先生曾说："中国之文明，已著于5000年前，此为西方所不及。"总结和继承这部优秀的文化遗产，对指导我国当前的各项运动和进行民族精神的传统教育具有重要的现实意义和历史价值。

三、武术的特点

（一）以攻防技击动作为基本内容

无论是武术动作的本质内涵，还是演练时的精神意念，一般都具有攻防含义。从内容看，踢、打、摔、拿、击、刺等动作，是组成武术套路运动的主要内容。从技法看，有冲、撞、挤、靠、肘、挑、劈、砸等打法，有蹬、踹、弹、缠、挂、摆等踢法。这些动作有着不同的使用特点，但都具有攻防的作用。

各种器械又有一系列进攻和防守的技术方法。人们择取强身健体的功能，将武术作为一种体育活动，根据需要对原始的攻防技术进行了改进和发展，但仍保持了攻防的特点。这一特点是武术区别于其他体育项目的主要标志。

（二）以套路运动和格斗为运动形式

以套路运动和格斗为运动形式，不仅使武术得以表现出自身的特点和优势，而且表现出各流派的独特风格和特点。

1.套路运动

套路运动是中国武术的一种特有的表现形式，整套技术以踢打、摔、拿、击、刺等具有攻防含义的动作为主，但不少动作在技术规格、运动幅度等方面与技击动作原型相比有所变化，从而具有体育运动的意义。

①它讲究动作衔接合顺和规格化，以达到增强体质的目的。

②它讲究动作结构、韵律、节奏的严谨、优美、舒展大方，并向表演的规范化发展，从而具有观赏价值。

2. 格斗

格斗是武术的另一种表现形式，它集中体现了武术的攻防特点，在技术上与实用技击基本上是一致的，但从体育的观念出发，它受到了竞赛规则的制约，以不伤害对方为原则，例如，在散手中对有些传统的实用技击方法作了限制，并且严格规定了击打部位和保护护具。可见，武术的格斗运动具有很强的攻防技击性，但又与实用技击不尽相同，具有体育运动的属性。

（三）具有整体统一的运动观念

既讲究形体规范，又追求“精神传意，内外合一”的整体观念，这也是中国武术的一大特色。所谓内外合一，“内”指心、神、意等心理活动和气息的运行，“外”指手、眼、身法、步等形体活动，“合一”指内与外要形成有机联系的整体，达到形神兼备。武术套路在技术上往往要求把内在的精、气、神与外部的形体动作紧密结合，完整一气，从而体现“内外合一”和“形神兼备”的整体统一观。

（四）具有广泛的适应性

武术与其他体育运动项目比较，具有广泛的适应性。

1. 形式多样，内容丰富，适应不同的对象

有适应竞技对抗性练习的散手和太极推手，有适应演练的各种拳术、器械、对练等。不同的拳种和器械有不同的动作结构技术要求、运动风格和运动负荷，分别适应不同年龄、性别、体质的人的需求，人们可以根据自己的条件和兴趣爱好选择合适的项目进行练习。

2. 对场地、器材的要求较低

练习者可以根据场地的大小，选择练习的内容和方式。对器械要求也不高，大都可以就地取材。

3. 不受时间和季节的限制

无论白天晚上，春夏秋冬，也无论时间长短，都可以练习。天气较好的时候在室外练习是最为理想的，而如果天气条件不好，也可以转而来到室内继续练习，由此可见中华武术是一项可以“全天候”参与的运动形式。

第二节　武术的流派与分类

一、武术的流派

（一）武术流派的形成

所谓拳种流派，是指由于不同的技术特点和风格而形成的武术技术派别。研究者认为，一个流派的形成通常应具备三个要素：第一，流派是通过一定套路形式表现出来的；第二，套路必须形成独特的风格；第三，这些各具特点的套路要有相当一部分的习练者加以推广与练习。由此而言，套路、风格、习练者，便构成了形成不同流派的三要素，是不可分割的统一体。除此之外，在技术理论及练功方法上，还须建立相对完整的体系。众所周知，武术的本质特征是攻防技击，而这种攻防技击又以个人身体运动为基础。由于个人的身体条件、文化素养以及性格、习惯等各不相同，表现在攻防动作上必然有所差异，这就有可能形成不同的技术特点，不同的技术特点即是形成流派的前提基础。随着攻防技术动作的逐渐完善和规范化，当攻防技击的练习发展成为套路并且有较多的习练者时，不同的流派也就相对固定下来。在武术套路发展演变的漫长过程中，已有流派的进一步合并、分化、发展，则又持续形成许多新的流派。武术功夫的养成不是一朝一夕之举，作为流派核心内容的独特风格、技术形成，也绝非一蹴而就，正常情况下往往需要长期的时间积累。

纵观历史，我国武术流派形成和发展的重要时期是明清时期，除了戚继光《纪效新书》等著述中涉及的三十二式长拳以及六步拳、猴拳等十六家拳法外，一般认为，著名的少林拳、形意拳、太极拳等均成拳于明代；八卦掌、通臂拳、八极拳、劈挂拳等，也大多在清代形成。据《体育史》记载，清代已经出现了六十多种拳路，其中，拳术有少林拳、通臂拳、大红拳、小红拳等二十几种；刀术则有大刀、单刀、少林双刀、连环刀等十几种；还有空手进刀，单刀进枪、双拐进三节棍等对练技艺。清代以后，众多拳式繁衍，各种武术流派更加盛行于世，大凡每一个拳种的产生也都是既有继承，又有创新，一旦当它突破本门拳术传统特点，在逐渐发展中风格和运动方法都区别于本门原有拳种和其他拳术时，就形成了新的技术流派。太极拳的形成，就是由陈王廷汲取了各家拳法之长，以戚继光三十二势长拳为基础发展而来的，后经杨露禅、武禹襄、孙禄堂、吴鉴泉等人的不断丰富，逐渐形成太极拳流派。其他拳种也大抵类似，如意拳（大成拳）脱胎于形意拳，鹰爪拳脱胎于翻子拳，通臂拳又吸收了劈挂拳、少林拳、螳螂拳等多种拳术而自成流派。当然，在新武术流派形成的最初阶段，往往由于特点不甚突出等因素，不一定会引起人们的重视，只有随着一代代的持续演练，技术动作以及理论体系不断丰富完善，特色才会逐渐鲜明而随之越来越大，持续吸引更多的人加入、习练，最终形成流派。如太极拳创始时只是在温县陈家沟小范围内流传，八卦掌最初也只是盛行于京津一带，形意拳原本流行于山西、河北等地。这些拳种，皆已成为在全国乃至世界各地较为流行的传统武术代表性品牌。武术流派的形成是一个历史发展过程，也是武术运动发展的必然趋势之一。旧时代武术界宗派林立，主要是与封建社会小生产特性及统治阶级等的影响有高度相关性。新中国成立后，万象更新，武术拳种流派的面貌也焕然一新，成为服务人民大众健康、传承民族经典文化的重要载体，呈现出百花争艳的发展格局。

（二）具体流派

我国历史悠久，幅员辽阔，各地区之间经济文化发展很不平衡，风俗民情也略有差异，所以各地区之间的武术风格也常常是各具特色，互不重复。

武术是一种文化形态，它受到地域因素的影响，又由于它基本属于纯粹的民间文化，所以一直保留着原始古朴的风貌，没有受到外来文化的影响。

中国武术的主要流派都是从地域性文化派生出来的。我们把这些主要流派称为“拳系”，每一个拳系中又包括若干个拳种。

中国武术至少有七大拳系，即少林、武当、峨眉、南拳、太极、形意、八卦。一些少数民族还有自己独特的武术，有些无法包含在这七大拳系之内。此外，中国武术还包括跤术，在汉、回、蒙古、满等民族中流传很广，蒙古疾跤术更是独具一格。跤术的基本规则是双方要互相抓住，与拳术颇有不同，所以也无法包含在拳系之内。比较典型的流派包括以下几种。

1. 少林派

俗话说：“天下武功出少林。”驰名中外的嵩山少林寺，就是少林武术的发源地。少林是中原武术中范围最广、历史最长、拳种最多的武术门派，以出于中岳嵩山少林寺而得名。

据北宋《景德传灯录》等书所载，南北朝北魏孝文帝太和年间，达摩祖师从梁国北来，在嵩山少林寺面壁修行，历时九年而功成，遂传《易筋》《洗髓》二经，创立少林武术。这个说法，为多种典籍所载，唐代李靖还写了《易筋经序》，但经现代学者研究证明，这不过是个传说，没有任何历史依据。

其实，在历史上，在达摩出现以前，北朝寺院的练武风气就已形成。北魏孝文帝太和十九年修建嵩山少林寺，最初是为西域高僧跋陀（又称佛陀）所建的，达摩是在此之后才来到寺中的。达摩虽然创立了禅宗，却并非少林武术的创始人。事实上，少林武术是僧众在长期习武过程中逐渐自发形成的。

少林武术的发扬光大，始于隋唐之际的一件大事。隋朝末年，天下大乱，战乱不断，少林寺也被山贼所劫。少林僧众奋起拒敌，贼人一把火烧毁了寺院。时值秦王李世民与郑帝王世充作战，少林武僧应邀相助，活捉王仁则，逼降王世充，这就是著名的“十三棍僧救唐王”的故事，也是著名电影《少林寺》的历史原型。李世民登基后，对昙宗、志操、惠瑒、善护、普惠、明嵩、灵宪、普胜、智守、道广、智兴、僧满、僧丰这13人大加赏赐，并下令重修少林寺，少林寺得以再度兴旺起来，少林武术也开始繁荣发达，逐渐成为中原武林第一门派。从宋到元，少林武术有了一个较大的发展。据传，就连宋太祖赵匡胤也是少林俗家弟子。之后，少林武术的特点日渐突出，到明代便形成了少林“以搏名天下”的赫赫威名。明嘉靖二十三年，少林寺组织僧兵到江南抗倭。天启五年立“少林观武碑”，少林寺遂成为天下武林之宗。明代的著名武僧，有觉远上人、小山和尚、月空和尚、痛禅上人等，又有悟须周友、周参、洪转、洪纪、洪信、普从、普使、广按、宗擎、宗想、宗岱道宗、道法、庆盘、庆余、同贺、铉清等18人，均为武林中的超一流高手。明代以后，少林武术渐从以棍法为主转向拳法，又吸收了很多民间拳种，集天下武术之大成，最终形成了少林派。

明末清初之际，少林寺广泛汲取了北方许多拳派的精华，又学习了福建的棍术和四川的枪术，在本寺武功的基础上加以融会提炼，终于形成了内容博深、技艺精湛的少林拳系，全面取得了武术正宗的崇高地位。清代的少林名僧高手有铁斋、致善、致果、天虹、湛举、五枚、古轮、妙兴、贞续、德根等。同时，由于少林武功的名气越来越大，北方的不少拳派也托名少林以自重。这样，少林拳系实际上就涵盖了中国北方地区的几乎所有的武术门派，少林武术也就成了中国北方地区武术的总称。

由此可见，少林派不只是少林寺的功夫，更是以少林寺武术为代表的整个外家功夫的集大成者。一方面是少林寺僧从民间引进不少拳术，另一方面是少林寺也招收俗家弟子，使少林武术流传民间。同时，少林派还在各地广设分院，自隋唐之际创立福建莆田九连山少林寺分院（即南少林）以来，元代福裕禅师在蒙古国和少林（今蒙古国前杭爱省哈拉和少林）、天津蓟县盘山、长安、太原、洛阳分别创立五座少林寺，再加上山东九顶莲花山、台湾八番社、四川峨眉山，一共是十座少林寺，这样就把少林功夫传遍了全国各地。

在少林寺的九个分院中，以南少林地位最为重要。南少林又是南拳之祖，以五拳为主要拳法，有“龙拳练神、虎拳练骨、豹拳练力、蛇拳练气、鹤拳练精”之说，又有南拳一路闯少林、二路提卢少林、三路文少林、四路拗步少林、五路武少林、六路神化少林等套路。

少林支派众多，有“三大家”“四大门”之说。“三大家”分别是红家少林、孔家少林、俞家少林；“四大门”分别是大圣门、罗汉门、二郎门、韦驮门。其他如六合拳、八极拳、劈挂拳、通臂拳、沙脚拳、截脚拳、地趟拳、太祖拳、燕青拳、猴拳、螳螂拳、华拳、查拳、弥宗拳、动力拳、明堂拳、洪拳、翻手拳、醉拳、咏春拳等，也大都是从少林武术中发展出来的。少林拳的套路也有很多，光是拳术，据说就有172种之多，有小洪拳、大洪拳、朝阳拳、观潮拳、炮拳、通臂拳、梅花拳、长锤拳、太祖长拳、黑虎拳、形意举、罗汉拳、六合拳以及“少林七十二绝技”等。棍法、枪法、刀法也是少林武术的大宗，各有数十种套路。剑术则有二堂剑、五堂剑、龙形剑、飞龙剑、白猿剑、刘玄德双剑、达摩剑、绨袍剑等。其他还有方天戟、三股叉、钢鞭、月牙斧、梅花拐等数十种兵器，以及心意把、虎扑把、游龙飞步、丹凤朝阳、十字乱把、老君提葫芦、仙人摘茄、叶底偷桃、脑后砍瓜等一百多种散打拳法，卸骨法、擒拿法、点穴秘法、弹弓谱、易筋经义、用药法等各种技法，五花八门，令人眼花缭乱。

传说当日达摩祖师见众僧坐禅，神态萎靡不振，久久难以入定，有碍佛法。达摩细究其由，发现乃是因众僧体弱所致，于此悟到修习佛事必先强健体魄，后效鸟兽神态创立各种拳法。因此，少林武功的特点，首要之点即为调呼吸，练百骸，进退敏捷，刚柔兼济，而尤以刚为主，以攻架为主，以长手为主。这是少林武功的要旨所在。

2. 南拳

南拳是明代以来流行于南方的一大类拳种的总称。南拳据说最初是出于南少林，在明代逐渐形成独立拳系。关于南拳的起源，流传着一个故事，说是福南少林寺僧人世代习武，康熙年间，西鲁国来犯，无人可敌，福建少林寺僧人请缨出征，大破西鲁国，班师凯旋。不久，有奸人进谗，清廷派兵围剿福建少林寺，将该寺焚毁，寺中仅有五僧幸免于难。这五位僧人四处寻访英雄豪杰，创立了洪门（天地会），立誓“反清复明”。福建、广东、湖北带的南拳都由这五位僧人传出，因此尊他们为南拳“五祖”。事实上，清代康熙年间根本没有什么西鲁国，更没有来犯这事，当然也不会有南少林寺僧人为国出征的壮举。这是洪门中人杜撰的故事。

南拳的总体风格是威猛迅疾，灵巧绵密，刚柔相济，上肢及手型尤富于变化。它不像少林拳那样舒展大方，但其刚烈之气，威猛之势，却灏然自成气象。福建民风强悍，特别是闽南一带，素以悍勇好斗著称，其聚众械斗之风名闻全国。福建地区的武功，早在明代中期就已崭露头角。

南拳拳系的形成时间，大概在清初到清代中期，即从17世纪末至18世纪末。它包括上百个拳种，广泛流传于福建、广东、湖北、湖南、台湾等省以及香港、澳门地区，并很早就流传到海外，在东南亚以及美洲、大洋洲扎下根来。若论传播中国武术的贡献，南拳拳系自当首屈一指。

南拳种类繁多，如福建的少林桥手、五祖拳、鹤拳、罗汉拳，广西的周家拳、屠龙拳、小策打，浙江的洪家拳、黑虎拳、金刚拳，湖北的洪门拳、鱼门拳、孔门拳，湖南的巫家拳、洪家拳、薛家拳等。南拳的代表是广东南拳，广东南拳的代表是“五大名家”。

①洪拳。洪拳源出少林寺，相传为洪熙官所创。洪熙官本为福建漳州茶商，创拳后传给南少林的洪门五祖。洪拳后来传入广东，包括五行拳（金拳、夹木拳、水浪拳、火箭拳、土地拳）和十形拳（龙拳、蛇拳、虎拳、豹拳、鹤拳、狮拳、象拳、马拳、猴拳、彪拳），

历代著名高手有洪文定、路亚彩、觉固禅师、铁桥三、林福成、黄泰、黄飞鸿、林世荣等，是南拳中最大的一派。

②刘拳。据说为刘三眼所创，也有说是下四府刘生或刘青山所创的，流传于雷州半岛。

③蔡拳。据说由福建南少林寺僧蔡伯达、蔡九仪所创，后来流传于广东中山等地，包括十字拳、大运天、小运天、天边雁、柳碎梅、两仪四象拳等。

④李拳。相传由福建南少林寺僧李色开所创，又由广东新会人李友山传授，也有人说由广东惠州李应辉所创。李拳流行于广东中山、河源、高州、龙川、广州等地。

⑤莫拳。相传为福建南少林至善禅师所创，后传至莫清骄，流传于珠江三角洲一带。

五大名拳多数从福建南少林传来，和洪门天地会多少有些联系，不仅是武术门派，也是极为活跃的江湖派别。

除五大名拳外，广东南拳还有蔡李佛拳、虎鹤双形拳、咏春拳、侠拳、白眉拳、佛家拳、练步拳、练手拳、昆仑拳、南枝拳、儒拳、刁家教、岳家教、朱家教等。

南拳在广东、福建沿海一带形成独有的南方特色，尤其是清代以来，以“反清复明”始，以“行侠仗义”终，在武侠传奇小说和影视作品中占有重要的地位。

3. 太极拳

太极拳是中国武术中最能体现国人性格气质的拳种。

关于太极拳的起源，武术界一直存在着争论。多数意见认为太极拳起源于河南温县陈家沟，为陈王廷所创。陈王廷为明末清初人，原学家传武功。清军入关以后，陈王廷曾在登封玉带山参加反清武装斗争，事败后回归故里隐居30年，潜心研究武学，终于创编出独具一格的太极拳。

陈王廷之后，太极拳一直在陈氏族人中传授，人称“陈氏太极拳”。直到晚清时期，太极拳才开始外传，以北京为中心，衍化出杨、武、孙、吴四大流派。

杨氏太极拳始于杨福魁。杨福魁，字露禅，河北永年人，早年家贫，被温县陈家沟某陈姓大户购为僮仆，得以来到陈家沟，遇陈氏第十四代传人陈长兴，学艺十余年，技艺大成。后来杨福魁在北京屡挫名手，人称“杨无敌”，被推荐到王府授拳。当时，王府学拳的多是王公贵族子弟，体质娇弱，杨福魁便将陈氏太极拳中一些难度较大的动作做了修改，使之不纵不跳，趋于简单柔和，又经其三子杨健侯、其孙杨兆清的修改，就成了目前流行的杨氏太极拳。

武氏太极拳始于武禹襄。武禹襄也是河北永年人，出身于书香门第。杨福魁从陈家沟艺成回永年后，武禹襄师从他学拳。不久武禹襄又慕名到温县赵堡镇，拜陈氏第十五代传人陈青萍为师，学习陈氏小架（即“赵堡架”）。其后，武禹襄把杨氏大架和陈氏小架结合起来，形成了武氏太极拳。

孙氏太极拳始于孙禄堂。孙禄堂是河北顺平县人，早年为形意、八卦名家，在北京有“活猴”之称。在50岁那年，孙禄堂拜武禹襄的再传弟子郝为真为师，融形意、八卦、太极为一体，创编了架高步活、开合鼓荡的孙氏太极拳。

吴氏太极拳始于吴鉴泉。吴鉴泉是北京人，满族，后改汉姓为吴。他的父亲吴全佑曾先后师从杨福魁、杨班侯父子学拳，吴鉴泉得其父传。后来，吴鉴泉在杨氏父子拳架的基础上，又加以改进，使之更趋于柔和，于是形成了吴氏太极拳。

到了民国初年，由陈氏太极拳衍化而出的杨、武、孙、吴四家各成一派，形成五花竞放之势，流行全国的太极拳系才算真正形成。它是中国诸大拳系中形成最晚的一个，但也正因为如此，它又成为中国诸多拳系中最富于活力的一支。

从陈王廷开始，陈氏族人一直是耕读传家，保持着文武兼修的优良传统，不仅历代多有技击高手，而且出现了杰出的技击理论家。陈氏太极拳的这一传统也影响到其他四支太极拳。所以，直到目前为止，在中国的诸大拳系中，太极拳始终具有文化层次上的明显优势。研究太极拳的著作，不仅数量最多，而且有理论深度，在功法和技击方面较少保守性。再加上太极拳融技击与养生为一体，老少咸宜，所以能在短短几十年间，由北而南，风靡全国，成为发展势头最快的一个拳系。

太极拳合技击与养生为一体，是一种意气运动。它要求以心行气，以气运身，意动形动，意到气到，气到劲到，劲由内换，柔中有刚，刚柔相济。在技击时，太极拳讲究以静制动，以柔克刚，以小力打大力，从不以拙力取胜。太极拳由一系列螺旋缠绕动作组成，每个动作都呈圆形。从外观上看太极拳全部是画圆的动作，与其他拳派大相径庭。

太极拳在行拳时，要求以腰为轴，节节贯穿，以内气催动外形，示柔缓于外，寓刚疾于内，沾手即发，以此体现出避实击虚、蓄而后发、引进落空、松活弹抖的独特技击风格。

太极拳重在防御，以守为攻，以退为进，即所谓“不敢为主而为客，不敢进寸而退尺”。太极拳高手一般不主动进攻，而是防范周严，后发制人。他们多是等待对方进攻，一搭上手，即粘住不放，舍已从人，顺对方进击的方向，以弧形动作化开对方的劲力，借力打力，发挥“四两拨千斤”的特长。太极拳利用离心力原理，以腰脊为中轴，自己一切动作皆为内圈，而始终置敌于外圈。这样，即便内圈的动作慢些，仍可胜过外圈的“快”，易使对方失去重心。行拳者在舒缓潇洒的旋转之中，随时可以骤然发劲。

太极拳的发力多是弹抖之劲，称为“寸劲”，即在极短距离内，无须大幅度作势，即可将内劲发出。这是由意气引导，身体诸大关节高度协调，而于刹那之间爆发出来的一种合力，其劲甚短，其发极速，其力冷脆，具有较大的威力。不少人以为太极拳动作迟缓，无法用于技击，这是没有领会太极拳的精髓。

太极拳讲究以弱胜强，以慢胜快，以少胜多，以巧胜拙，最忌以蛮力死拼滥打，最忌硬顶硬抗。它是一种蕴含着深奥哲理、充满了智慧的拳种，集中体现了中国人的处世之道，体现了中国人对人生、对宇宙的感悟。

二、武术的分类

武术的分类即武术的所有形式。它包括不同地区，不同流域，不同流派；不同运动形式和演练风格；内家，外家；竞技武术，非竞技武术；南拳北腿，东枪西棍；拳术和器械等。

（一）功法运动

功法运动是以单个动作和简单组合动作为主进行的重复性练习，以达到强身健体、防身自卫之目的的运动。功法主要是套路练习和攻防格斗的基础，但也有个别拳种流派没有套路只有功法运动。在武术发展的历史长河中，武术先贤们依靠自身勤劳智慧创造了数以千计的功法动作，按对身体功用价值分为外壮功、内壮功、柔韧功法、灵敏功法和耐力功法。

1. 外壮功法

外壮功又称外功、硬功、硬气功，指习武者通过专门的训练方法和手段使身体具备超乎常人的击打、抗击打能力，能够硬踢硬打或者使身体接受超强外力，如传统的排打功、铁砂掌、螳螂爪、鹰爪功、三靠臂、竹叶手、点石功、观音掌、打千层纸等。也有一些外壮功属于伪功法，如金枪刺喉，表演者双手前后持枪，用枪头靠住喉骨，前手于枪身三分之一处用力斜下按，这样自然枪就下弯了。

2. 内壮功法

内壮功又称内功、内养功、养生功，指习武者通过专门的训练方法和手段，对人体的精、气、神及身体各系统进行修炼，达到“内壮外勇”的锻炼效果，如浑圆桩、活步功、坐功、卧功、腹式呼吸法等。

3. 柔韧功法

柔韧功法又称柔功、软功，指习武者通过专门的训练方法和手段，以提高关节的活动幅度和肌肉、韧带的伸展长度。传统的压肩、压腿、遛腿、涮腰、下桥、咬靴都是这种功法。

4. 灵敏功法

灵敏功法，指习武者通过专门的训练方法和手段，以提高自身闪转、斜进、身法的能力，用以躲避对方进攻，或提高演练能力，如八卦掌的走砖、梅花拳的穿桩、沙袋功等。

5. 耐力功法

耐力功法又称为超距、远距，指习武者通过专门的训练方法和手段，以提高自身长距离奔跑能力和有氧耐力，如夜行术、沙腿跑等。

在传统的功法运动中，有些功法作为提高武术专项技术和能力的有效手段直沿用至今，如木人桩、涮遛腿、三靠臂。有些功法已运用运动训练学原理推陈出新，如石担功、千金闸中的石担和闸被杠铃替代。有些功法的合理性还有待科学进一步解释，如铁布衫、铁裆功。有些功法对人体伤害较大或带有迷信色彩，应予以摒弃，如吞剑、飞檐走壁、穿墙术等。

（二）套路运动

套路运动是以技击动作为素材，以攻守进退、动静疾徐、刚柔虚实等矛盾运动的变化规律编成的练习形式。套路运动按练习形式又可分为单练、对练和集体练三种类型。

1. 单练

单练，即个体独自进行套路练习的方式，它可分为拳术和器械两种。

拳术即徒手练习的套路运动。拳术种类很多，主要拳种有长拳、南拳、太极拳、形意拳、八卦、通背、劈挂、翻子、地躺、象形拳等。

器械的种类也比较多，可分为长、短、双、软四种。长器械包括棍、枪、大刀、矛、耙等；短器械包括刀、剑、匕首等；双器械包括双钩、双剑、双刀、双匕首等；软器械包括九节鞭、绳镖、流星锤、飞爪等。

2. 对练

对练是指两人或两人以上，在预定条件下进行的套路演练，包括徒手、徒手对器械、器械对器械等，如对擒拿、空手夺白刃、对刺剑等。

3. 集体演练

集体演练是指多人徒手、器械或者徒手对器械同时进行演练的套路形式，如集体剑、集体太极拳、武术小品等。

（三）搏斗运动

搏斗运动是指两人在一定条件下，按照一定的规则进行斗智较力的对抗运动形式。较常见的是散打、太极推手，近年来短兵重新开始试点实施，长兵对刺现在很少见到。

1. 散打

散打又称散手，是两人按照一定规则，使用踢、打、摔等方法制胜对手的竞技项目。

2. 太极推手

太极推手是两人遵照太极拳技法原理，将对方推出，以此决定胜负的竞技项目。

3. 短兵

短兵是指双方使用藤条或者特制替代品，按照一定规则，使用刀、剑等短兵器技法，以击中对方有效部位的多少决定胜负的竞技项目。

4. 长兵

长兵是指两人手持特制长器械，遵照一定规则，使用长兵器技法，以击中对方有效部位的多少决定胜负的竞技项目。

第三节　武术的基本功能

一、军事功能

武术在军事战争中占有重要地位，在枪炮火药发明之前，武术是争战搏斗的主要手段之一。在枪炮火药发明之后，它仍在军事中占有重要地位，只是随着冷兵器时代的结束，这一价值功能被大大弱化。

原始社会末期至夏商周时期，萌芽状态的武术不仅是人类战胜自然的重要方法，也为部落战争提供了训练部落成员的手段和技能，武术为部落与部落争夺财富的战争服务，战争又促进了武术的形成和发展。《史记》载："轩辕之时，神农氏世衰。诸侯相侵伐，暴虐百姓，而神农氏弗能征，于是轩辕乃习用干戈。""习用干戈"就是训练部落成员，培养军事技能，以应付战争。

据《礼记·王制》记载："凡执技论力，适四方，裸股肱，决射御。"夏商周时代，天子选拔出征从战的武士时，要考查武技和勇力。

春秋战国时代，列国混战，诸侯争霸，军事斗争极为尖锐，战争频繁，所谓春秋五霸、战国七雄即是当时的写照，各诸侯列国为求生存，纷纷推行富国强兵之道，齐国管仲实行寓兵于民，选拔武艺人才。楚国实行以猎求士，精选征战勇士，魏国的习射令，赵国的胡服骑射，秦国的商鞅变法实行"依军功授田宅"等，都把训练"技击"人才作为增强军事力量的主要手段。武术服务于军事，频繁的战争又刺激了武术攻防格斗技能的发展。

自秦汉封建社会确立开始，武术由单纯军事技术逐渐向竞技方向转化和发展，具有较明显的体育特征。在专制主义中央集权2000多年的时间内，武术一方面是社会成员和个体防身自卫的有效手段。另一方面，它被更广泛地用作进行战争的有效工具，包括国家、民族之间的侵略和反侵略战争，统治阶级和被统治阶级之间的镇压和反抗的武装斗争以及不同利益群体之间的武装冲突等。冷兵器时代的战争方式，决定了武术特殊的军事价值。近代以后，随着火器的输入，战争方式的变化，以传统武艺作为主要战斗的时代虽已过去，然而，武术作为作战训练手段的功能却一直被诸多军事家所重视，对培养军队士兵勇敢顽强、近身搏斗的实战能力仍具有特殊的作用。

二、健身功能

武术在其形成和发展过程中，涵摄了我国传统医学、养生学、仿生学的诸多精华，大大展示了健身价值功能，成为广大群众喜闻乐见的健身项目之一。

武术运动健身具有独特的形式和内涵，这是高于其他体育项目健身效应的关键所在，主要反映在合理解决了掌握技击技能与强身健体并存的关系，合理解决了物质和精神的辩证关系等两个方面。

近代武术的科学化趋势加强了其健身养生的价值功能，自然科学亦揭示和验证了武术的健身作用，主要表现在武术运动对神经系统、心肺功能、运动系统、内分泌系统几方面的积极影响。

武术运动对于机体生理、生化方面的影响是全面的，除以上几个方面外，武术对于维持内环境理化因素的恒定，加强酶的活性以及改善消化、排泄等系统都有着积极的作用。总之，长期进行武术训练，能发展人体的速度、灵敏、协调、柔韧、耐力、弹跳等综合素质，提高内脏器官的功能，促进身体的全面发展，增强体质，提高人体的适应性，延缓人的自然老化，具有独特的延年益寿的特殊功效。

中华武术对练习者起到的强身健体作用可以说是全方位的。这主要在于它所倡导的强身健体作用不仅仅只是浮于身体表面，更重要的是它还能“深入”体内，对人的内心产生积极的、良好的强健作用。这就是所谓的身心兼备、内外兼修，而这也是中华武术带给人的最核心的作用。

我国的中华武术从来不只是要求身体外在动作的修炼到位，那只是中华武术习练的项目之一，还有更多的修炼是在于心，是一种看不到的练习。只有当精、气、神的修炼与动作练习同步，使两者结合起来，才能真正称得上是习练到了武术的真谛。内修，为武术运动注入了灵魂。由此可见，中华武术既能够进行形体上的锻炼，同时也能够全面锻炼人的身心。

现代人们非常注重身心的共同发展，中华武术所具备的这种作用刚好满足人们所需。纵观众多体育运动，唯有中华武术将内外兼修的思想发挥到了极致。中华武术对人身心两方面的发展主要是通过内练来调理精神、通经脉，理脏腑；外练可以强健筋骨，有利关节。习练中华武术既可以提高人体的筋骨和关节的能力，增强体魄，同时还能够对体内的经脉、脏腑功能进行有效的调理，从而拥有更好的精神状态。长期坚持练习能够使肌肉的力量增强，提高关节和韧带的伸展性，提高人体免疫系统、内分泌系统和神经系统的功能，从而使机体能够保持在最佳的状态。

综上所述，长期习练中华武术对人身心发展的益处众多，可以获得内外两方面的良好体验，收获满满的健身效益。这些也是人们拥有良好社会适应能力和人际交往能力的前提。

三、防卫功能

武术运动从萌芽状态开始就是人类自卫生存的手段和方法。原始人群在“猛兽食颛民，鸷鸟攫老幼”的恶劣环境下生活，只有靠与巨兽拳牙相交，使其“骨肉腾飞”以求保护自己或获取食物，这种初级的拳脚技能和木棒、石块等简单工具的攻击方法，成为原始人类生存的重要条件。人类进入到阶级社会，纵使武术多元化的价值取向已逐渐趋于成熟，然武术的实用特性一直刺激和激励着人们练习的积极性，这也是武术广为流传、经久不衰的重要内因。

武术中的技击术是武术技术、方法的提炼，是格斗经验的总结，是最佳人体攻防动作的组合。通过踢打摔拿的技术和功力的长期训练，能迅速提高搏斗的技巧和能力，这种实用技术可供个体应付各种突发事件，起到自卫防身的效果。

在古代，武术作为军事战争中拼杀的工具一直起着巨大的作用。脱胎于军旅的民间武术、也同样具有杀敌防身的价值。如清道光二十一年，英帝国军队侵犯广州三元里，在武馆练武的工人们操起了大刀、长矛，两度击败了侵略者。清咸丰十年英法联军进攻北京城，圆明园附近谢庄民女冯婉贞，带领村中乡民，发挥了武术利于近战的特点，避开敌军火器，击退了入侵者。

随着历史的发展，武术在战场上拼杀的作用已经消失。但是，作为防身制敌的攻防作用依然存在。人们通过长期的武术锻炼，可以提高攻防格斗的基本素质，掌握攻防格斗技术，防身自卫。特别是在军队中开展武术训练，可以增强官兵的体质，提高战斗力公安干警、边防战士，练好武术就如虎添翼，在执行公务和对敌斗争中，发挥更大的作用。

四、修身功能

修身泛指人形体内在的理和心，它包含两个层次。

①主、客的哲学层次，即世界观。

②自身主体层次即人生观。

前者是解决人和大环境（包括自然界、社会）关系的问题，后者是解决与人生观有关的思想、道德、情操和规范化的问题，两者互为依存和补充。

主客的世界观问题即人和大环境的天人关系，哲学上称之为自由和必然的演化。考察它的基本范围，则是天人合一的有无和阴阳。处理这个问题的客观依据，在于世界的物质性、规律的客观性、普遍联系相互作用的相关性，以及人类改造世界和把握事物的主体能动性。武术运动所表现出来的文化精神，正是唯物主义世界观中所突出反映的核心问题，即天人合一、知行合一、情景合一。长期从事武功实践和体验，久而久之会领悟武术运动中的丰富的思想内涵和辩证哲理，从而引导练习者去正确地认识世界和能动地改造世界。

人这样一个主体怎样在大时空中寻找自己的位置，怎样利用这个环境来解决自身力量（或潜能）合理配置、调控、发掘和利用，是具有现代意义的生存意志问题。武术运动本身所具备的有无、动静、阴阳、心物、主客等各方面特定的矛盾统一性解决了客观规律性和主观能动性的融合统一，为习武者寻求功业之道的途径提供了认知操作的方式。

中华武术的修身价值功能更突出地表现在其高尚的武德观念方面。武术的核心是搏击、攻防格斗，要格斗搏击自然意味着暴力、流血乃至丧命。然而就是这般拳脚横飞、刀光剑影、性命相搏的武术运动，同样要遵守武林之人的共同道德规范。武德是中国武术伦理观的核心，它包括习武重德、立身正直的拳道观，尊师谦和、忍让的处世哲学，见义勇为的传统美德，爱国主义的意识和先礼后技的比试规范等。

武术的各个门派都非常注重武德的培养，强调道与艺统一，提倡“未曾学艺先学礼，未曾习武先习德”。文贵文风，武重武德，重仁爱而非残忍的思想，讲究以理服人，决不以武艺高而逞强。在技艺上，武术主张不是积极地引向外在的显示，而是导向内心的自修和自审。武术讲究身心合一，内外兼修，练艺必修心、修德，良好的德是艺的基础，艺和德结合方为完美，这些高尚的武德观念是以儒家“仁义”精神为核心的基础，是中国传统哲学思想影响的结果，体现了中华武术所具有的那种东方文化的文明气质。

武术训练的本身也是思想道德作风、处世哲理的修炼过程，更是人生观、道德观的改造过程，在儒家人伦规范下所形成的武林各门各派共同遵奉的道德标准，也是人们追求和终生探求的目标，这为人们使用各种技击之道提供了准则和要求。这种技道双修，以修心为先导的思想观念，具有重要的人生指导价值。

武术的修身功能还体现在它的直接效果上。通过训练，能培养人勤奋刻苦的精神、谨慎谦逊的态度、质朴干练的作风以及在训练实践时体现的矫捷气势、应变能力、准确判断、从容胆略、必胜信念等，这一系列素养作用于生活之中，与生活融为一体，必将大大地增强人们从事任何事务的能力和激发人们对生活的美好向往。

总之，中华武术以仁爱主义精神为指导，以实现人际和谐为价值目标，使得武术运动远远超出作为一般体育运动项目的意义，而成为人们德行修养的一种途径，进行教化的一种方式，体现华夏民族优良品性的一种文化形态。

五、医疗功能

武术运动对某些疾病有特殊的疗效（如高血压、神经衰弱、冠心病等）。其方法是：外部通过手、眼、身法、步的锻炼，提高肌肉骨骼系统和脏腑经络的功能，达到培精、调气、正神之目的，促使机体某些病灶部位功能代谢的改善，起到恢复正常功能的效果。内部通过运气、意念，达到调节机制的平衡作用。武术高度重视人体精、气、神的修炼和互相依存的医学哲理观念，是其具有治疗效果的基础。拳理家认为精是根本，气是精的载体，神是气作用的表现和结果，提出了内外兼修的原则，在这种练功原则的指导下，进而产生了“内练一口气，外练筋骨皮”“内三合”“外三合”“导气令和”“气沉丹田”等各种练功要求，建立了以丹田运化修炼为核心，以经络气血津液畅通为先导，以提高性腺功能为重点的有序化程序，这种人体医学治疗原理是武术运动具有特殊治疗效果的根本原因。

武术另一更为主要的医疗健身作用是防患未然。武术与中国传统医学理论是相通的，就拿太极拳来说，它强调动静、虚实、刚柔、快慢、开合、升降等阴阳法则。太极拳推手在匀速运动中突然加速发力，在相持中主动化劲蓄力，以柔克刚、刚柔相济，其目的是使人体中枢神经功能得到调整，加强大脑皮层的兴奋与抑制交换的能力，这与传统医学理论在重阴阳学说方面是完全一致的，也与现代科学理论“生命在于平衡的观点相吻合”。

武术强调身心和意志双修，也使其具有特殊的治疗作用。所谓练身心，是指人的精神和性格方面的完善。久练武术可以使人心身俱健、精力充沛、提高修养，使人的性情变得刚毅柔和，达到心理和生理的平衡；练意则是指排除杂念，集中思想用意来练，使身体各方面达到系统的锻炼，促进身体内部功能的提高。用中华传统医学理论来解释，那就是心和意的修炼能使全身的血、气、津、液得到流通，从而达到调节脏腑机制，使人从弱变强的目的。这种强壮不仅是外部的强壮，也是内部的强壮，直至整体的强壮，从而使人发挥出巨大的超想象的能力，即“功力”。

六、观赏功能

武术的观赏功能可分为竞技观赏功能和表演观赏功能。

在对抗性激烈的竞争中，如散打，能充分将技击之巧、力量之美、速度之美、柔韧之美、灵巧之美表现得淋漓尽致，从而使人在奋发抗争、锐意进取的意境中获得美的观感愉悦，称之为竞技观赏功能。而武术套路更注重追求内在的自我表现，更多表现为展示艺术表演效果，俗称这种效果为表演观赏功能。

（一）竞技观赏功能

近代武术竞技化趋势，使得武术观赏功能也随之发生了变化。一方面是武术的表演观赏功能继续存在并获得了进一步发展，另一方面，武术的竞技观赏功能日益受到了人们的关注，并逐渐完美化、科学化。

中国武术项目种类繁多，风格不一，因而武术的表现手段和美学风格也就不同，如太极拳刚柔相济，劲若抽丝，绵绵不断；而南拳则动作敏捷，出手隐蔽，使对手躲闪不及，大有迅雷不及掩耳之势；而以散打为代表的各种技击格斗术，展示了激烈的对抗和敢于拼搏、富于进取的精神。无论是显示武术功力与技巧的竞赛表演套路，还是斗智较勇的对抗性散打比赛，都会引人入胜，给人以美的享受，具有很高的观赏价值，通过观赏给人以启迪教育和乐趣。

（二）表演观赏功能

武术的观赏价值贯穿在整个发展历程中，在汉代宫廷大型的百戏表演中，不仅有角抵的内容，也有诸如斗兽、扛鼎、舞轮等与武术紧密相连的形式。魏晋南北朝时期，宫廷武术表演最值得一提的是“五兵角抵”项目的兴起。隋唐两代是宫廷武术表演的高峰期，唐代有完备的百戏组织和训练组织——教坊，它集中了全国各地的表演精粹，角抵仍是该时期重要的表演项目之一。“安史之乱”后，大批宫廷艺人流落民间，得以在民间沃土上滋长发展。宋代，随着城市文化生活的繁荣，江湖上的武术表演大为兴起，易聚易散的娱乐场所——瓦舍在宋代出现，这标志着古代江湖艺人的表演走向成熟。进入明清时期，又出现了新的表演形式，叫作走会，由于走会武术的内容居多，所以也叫作武会。近年来，我国农村各种花会应运而生，花会的一个重要内容就是武术表演，观赏性的武术表演活动以其强烈的民族性、节令性和娱乐意义在我国古代、现代的娱乐活动中占据了极重要的地位。

七、自娱功能

人们参加武术套路、散打练习（或竞赛）所获得的身心愉快的效果和作用，称为自娱功能。

早在春秋战国时期，列国为适应战争的需要，积极开展带有军事目的的娱乐活动，统治者之间常常举行斗剑、角力的比赛，借以娱乐。

中国传统武术内容丰富，风格多样，适合不同性别、不同年龄、不同阶层的人练习。同时武术练习不受时间、地点、气候、场地的影响，可因陋就简、因地制宜、因人而异，不需要很大的场地和复杂的设备，具有极大的经济性和方便性。正因为武术具有广泛的适应性，所以千百年来一直深受广大人民群众的喜爱，成为健身自娱的重要手段。

对武术技能的掌握包含着对人体运动自然规律性的了解和运用，对技能的熟练掌握产生了自由创造的美感，在习武的过程中，技能愈是精熟就愈能产生自娱效果，带来身心的美好感受。

武术的自娱功能是与武术健、力、美相结合的艺术形式分不开的。武术攻防格斗的哲理性，养生修心的健体性使武术产生了特殊的艺术价值取向，武术中的真实的技艺美、精神意境美、均衡对称美、对立统一美及武德修养美等艺术风采是自娱享受的根本动因，长期训练自然能达到强筋骨、增意志、调感情的娱乐效果。

八、审美功能

中华武术是在中华文化的熏陶下形成的，其本身也就自然饱含中华文化中的各种元素，这是中华武术可以体现出的重要作用，而这也是中华武术与世界其他国家武术得以区分的关键。而这一哲学思想就是对自我充实与外在的神意表现的追求，即达到一种“形神合一”的境界，并且在此之中还能表现出与中华文明相匹配的形意与审美。中华武术所表现出的形意审美功能具体有以下几个方面。

首先，中华武术中的对抗性项目可以使人体的力量美、灵巧美、速度美和柔韧美得以充分展现，使力与美得到了完美的融合，甚至形成了一种“暴力美学”，但这种所谓的“暴力”均是在规则和限度之内的，并不会违和的出现暴力与血腥，否则就违背了中华武术的本意宗旨。

其次，中华武术中的许多拳法及其动作的创造与编排都来自“仿生学”，也就是会受到原型的启发。其中比较典型的有螳螂拳、蛇拳、虎拳和猴拳等。这些也都体现出了我国中华武术独具特色的含蓄、深邃的内在之美。

最后，中华武术对于自己的动作都讲究相应的规范、标准和美观，在此基础上还要求武术练习者充分理解所练拳术或器械的内涵与技击要点，达到种身心合一的“大统一”，这就形成了武术形神兼备的运动特色及审美特征。

第二章　武术的文化意蕴与发展源流

经过漫长的发展，中国武术已经形成内容丰富精深、社会价值广泛的体育文化形态。纵观中国武术的发展历史，武术运动就是我国灿烂文化的缩影，其始终是中华传统的优秀代表。中华文化博大精深，中国武术同样有着厚重的文化底蕴，具有重要的传承价值。本章主要对中国武术的起源与发展进行阐析，并研究了中国武术的文化内涵及其价值。

第一节　武术运动的起源与发展

一、原始形态的中国武术

在原始社会，武术随着人类文明的产生，在远古先民的各种实践活动中萌发出来。武术的实质是技击，所以考察武术起源应当从人类技击的产生开始。

通过分析远古时期的情况可知，处在生产水平低下、自然环境恶劣的生存环境中的人们为了生存必须与各种野兽斗争。人们在参与原始狩猎活动的过程中，慢慢掌握了徒手打野兽以及用木棒和石头等打野兽的具体手段。历经数万年基于本能的、自发的、随意的身体动作经验积累后，人们慢慢将其归纳成一定的击刺技巧、攻防姿态与动作。人类进入旧石器时代的晚期以后，包括制造石器在内的很多生产都有了很大发展。自新石器时代开始，借助弓箭狩猎的方法获得了大面积推广。受生产工具和狩猎工具大幅度创新的影响，人类在劈、砍、击、刺等动作方法上积累了很多经验，这为中国武术的形成打下了基础。

在原始人群的生存竞争中，人与兽斗固然是技术萌生的因素之一，而人与人的格斗和武术的萌生更有着直接的联系。原始社会的人群为争夺食物、争夺领地，往往会发生争斗。新石器时代末期，由于私有制的萌发，氏族部落之间为掠夺财产或争夺领地，不断引起争斗，形成原始集团之间有组织的械斗。古籍记载的大规模战争有黄帝战炎帝，黄帝战蚩尤，夏禹伐九黎、征三苗等，这些战争促使人和兽斗的工具与技能慢慢过渡为人和人争斗的工具与技能，对器械制作、技击技术形成与发展产生了很大的推动力。新石器对代的石镞、骨镞大量出土，表明弓箭已是原始先民极为普遍的武器。新石器时代出现了多种石兵器，有石枪、石矛、石戈、石斧、石锛、石铲、石槌等。《说文》中记载："大者称钺、小者称斧。”《越绝书》称：“黄帝之时，以玉为兵。”由于战争需要，大量磨制锋利的生产工具转化为互相残杀的武器，使用兵器的技艺及战争中所需的格斗技术，就逐渐发展为一个独立的技术领域。

在兵器多元化的背景下，一定会促使兵器的使用技术越来越多样化、朝着更好的方向发展。换句话说，人和人之间的搏杀格斗带动很多锋利的生产工具慢慢发展成人们残杀同类的武器，使用兵器的技艺和赢得战争的格斗技能慢慢从生产技术中分离出来，为武术的产生创造了一些不可或缺的条件。

根据史料记载，原始社会的人在参与狩猎、战事等活动的前后，一般要跳武舞。武舞是对狩猎或战争场景的模拟，人们在武舞中幻想以击刺、杀、伐等动作来产生一种超自然的力量，以战胜对手和敌人。武舞又叫战舞，舞者手执各种武器做种种击刺动作姿势的演练，具有实战的功利性。古籍记载虞舜时期，三苗族反叛，被舜帝三次打败，但其还是不降服。后来禹带领军队表演手执巨斧与盾牌的“干戚舞”给三苗看，威武雄壮的气魄与高超的武功，终于使三苗降服。通过分析具体效果能够发现，战舞不光是搏杀技能操练的形式，还是借此表明武威的一种方式。换句话说，武舞是原始社会时期人们将宗教祭祀、教育、娱乐以及搏斗训练集于一体的活动方式。它是原始社会多位一体文化形态的组成部分，是武术最核心的原生形态。

在近代某些带有原始风貌的民族风俗中，原始武舞的影子依稀可见，如云南纳西族的祭神武舞“东巴跳”，在这个武舞中由数十或上百人组成，且狂舞的人们均手持武器。此外，在我国一些现存的原始岩画中，也能看到一些原始武术的图像。云南沧源的一幅原始岩画就生动展现了原始武术的威武形象——远古的战士们成横列状，右手高举短戈，傲然屹立；画中的其他人则一手持方盾，一手执两端粗、中间细的武器，双腿弯曲呈马步下蹲。

总之，从中国原始社会的生存工具及其搏斗技术，转化到战争的器械及其技术和战舞的整个过程中，可以看出中国武术发端的脉络及与原始文化的紧密关系。

二、古代的中国武术

（一）古代武术的雏形

早在夏商周时期，传统武术便已初具雏形。由于传统武术是中国劳动人民在长期的社会实践与发展中不断积累的产物，因此它的产生具有极其广泛的群众基础。夏朝是我国古代第一个奴隶制社会。因当时社会发展的局限性，传统武术只是一种简单的、用于狩猎等基本生活的击技技术。随着奴隶主与贵族之间的利益纷争愈演愈烈，最终导致了战争的爆发。频繁的战争推进了击技技术的发展，为了达到更好的战争效果，出现了传统武术中的传习和演练。

到了商朝，当时已处于农业经济为主的社会阶段。随着社会的进步，冶炼技术得到了快速发展，矛、戈、戟、斧、钺、从、剑等精良兵器开始出现，各类做工精良的青铜兵器开始用于大量配备军队。传统的田猎从人类赖以生存的谋生手段变成了集身体、技术、战术训练为一体的具有军事意义的综合训练。在商朝时期，以田猎训练士兵熟练使用各种武器以及学习驭马驾车的技术。这样的训练已不再像夏朝时期是单纯的传习和演练，再加上精良武器的配合，传统武术的杀伤力得到了增强。

到了西周时期，统治者为维护其统治，开始加大武艺教育的力度。周成王曾对鲁公伯禽说："尔知为人上之道乎……夫有文无武，无以威下；有武无文，民畏不亲；文武俱行，威德乃成。既成威德，民亲以服。"他还注重"天子乃命将帅讲武，习射御角力"，并且提倡"三时务农，而一时讲武"的武艺教育。另外，西周的金文中也有许多关于周天子提倡习射的史实记载，如《静殷铭文》中记载了周宣王为太子时学习射箭的场景。西周时期是武士的时代，贵族子弟均要接受一种文武结合，以"武"为主的名为"六艺"的教育。三代之上皆武士，武士又称国士。武士在平时帮助统治阶级管理平民，在战时则负责保卫国家社稷。西周时期主要以车战为主，战车上的甲士主要以武士为主，所以"射""御"是武士必须学习的武艺内容，而这一时期的武术教育自然也是以"射""御"为主要内容的。

夏商周时期武艺与生产劳动分野，而进一步与军事、教育、礼仪等社会活动结合在一起并初步向多样性功能发展。武艺的内容主要包括远兵（弓矢）和长兵（戈、矛）技术，并包括徒手搏斗的技能，它为古代武术奠定了雏形。

（二）古代武术逐渐形成

春秋战国时期是我国封建制度逐渐形成发展的时期。在这个急剧变革的时代，武术也发生了很大变化。武艺从种类和内容上都有较大的发展，奠定了中国古代武术的基本格局。

春秋初代，车战逐渐衰落，步兵开始在华夏诸国对西方和北方戎狄族的战争中发展起来。随着步战的兴起，增加了短兵相接的机会，突出了对技击技术的要求，因此各国都十分重视士卒的选拔与训练。吴起认为"用兵之法，教戒为先"。孙武指出"兵众熟练"是决定胜负的重要条件。作战形式、兵种的变化，带来了军事训练的变革，军事训练也由田猎式的军事训练向着按身体与军事战术不同要求的分类训练演进，身体训练与击刺格斗的技术训练日益受到重视。军事训练不仅包括投石、超距、阵法队形等练习，也包括角力等练习在内。

春秋战国武术的一大重要变革是民间武术的勃兴。由于奴隶制的崩溃，奴隶主贵族在军队和教育方面垄断武术的局面被打破，武术开始走向民间。春秋初期，管仲在齐国要求士大夫举荐"于子之乡，有拳勇股肱之力秀出于众者"。齐国人把这种拳勇格杀技艺称为"技击""齐人隆技击"，说明齐国习武之风甚盛。南方的吴越地区，出现了干将、欧冶子等最负盛名的铸剑匠师。楚国百姓喜击剑，出产"奇才剑客"。北方的赵国赵惠文王养"剑士夹门三千余人，日夜相击于前"。民间职业武士初现，如侠士之类，典籍中称为

"侠""节侠士""游侠"。这些人的特点是见义勇为，为知己而死。另类是"力士"，指力大而勇悍之士。这些武士中有以专门传授武技谋生的人，也有以武技为人效命的人。社会上练武为职业人的出现，对提高、推动武技的发展有重要作用。

随着民间武艺的日盛，武术开始往庞杂化方向发展。以个人技艺为主的徒手搏技——手搏、角力，在民间有广阔的市场，春秋时称为相搏。民间两两相搏"以为戏乐，用相夸视"。"执技论力""以力相高"的相搏是集摔跤、擒拿、拳搏为一体的徒手格斗。"巧斗力者，始于阳，卒乎阴，泰至则多奇巧"。

春秋战国时期，武术的竞技性、表演性、娱乐性及健身性、多样性已经得到发展，使它从较为质朴单纯的军事武艺演变成色彩绚丽、丰富多彩的武术文化。这就充分体现了武术的一大变革，也形成了武术初步兴盛的局面。

（三）古代武术初步发展

中国历史上经历了秦汉、三国、魏晋南北朝、唐、宋、元几个朝代，在这漫长的历史过程中，中国武术也得到了进一步的完善与发展。

秦汉时期，随着步骑战的发展，兵器的形制、种类、质量都有较大的变化。秦以后，特别是两汉时期，已有成建制的大量骑兵，适合于劈砍的环柄大刀开始大量使用，逐渐把长剑排挤出去。同时还出现了攻防兼备的钩镶。兵器形制的改进和新武器的发明，不仅丰富了武艺的内容，也促进了使用方法的更新和增多。还出现了把攻防动作连接起来的练习形式，即套路的雏形。据史籍记载，有剑舞、刀舞、双戟舞等，在成都与南阳等地出土的汉画像砖上就有这种演练形式。这些演练形式既有技击特点，又有娱乐性质。

汉朝十分重视武备和军事训练，采取了"兵民合一""劳武结合"的措施，使得尚武之风在民间盛极一时。在这一时期还出现了许多与传统武术有关的理论著述，在这些理论著作之中，首次出现了关于"武德"等行为规范的描写。这标志着武术理论体系开始出现。

魏晋南北朝时期是我国古代历史发展中的民族大融合时期。这一时期的传统武术在民间也十分盛行。南方的汉族政权注重武术的艺术价值，使得传统武术出现了向娱乐性发展的趋向。当时民间流行的角抵戏、刀枪表演、刀剑表演以及武打戏就是传统武术在娱乐方面的发展表现。在南北大融合的同时，佛教、道教的思想开始逐渐对传统武术产生影响。

唐代有着开明的政治、繁荣的经济、开放的文化与社会环境，在这个时期，我国传统武术发展迎来了又一高峰。唐王朝将武术纳入了科举考试的行列，被称为武举。据《文献通考》三十四卷记载，唐武举制的内容有"长垛马射、步射、平射、筒射，又有马枪、翘关、举重、身材之选。翘关者长一丈七尺，径互寸半，凡十举，右手持关，距出处无过一尺；负重者，负米五斛，行二十步，皆为中第"。武举的出现为平民百姓的仕途之路打开了方便之门，这就使得传统武术更加贴近于平民社会。此外，当时的武学思想已经可与文学的发展相媲美，甚至还出现了推崇武学的文人墨客。初唐四杰之一的杨炯就是其中的一位，在他所做的《从军行》中，就有诸如“宁为百夫长，胜作一书生”这样的诗句。

到了宋代，民族矛盾问题日益尖锐，战争频繁，这促进了军事武艺的发展，出现了弓、弩刀、枪、锏、棒、鞭、斧等能够满足战争需要的多种武器类型。这些武术器械的出现为后世民间武术器械的丰富发展和武术技艺的提高起了积极的推动作用。为了抵御外来民族的侵略、反抗上层社会的压迫，武艺结社组织开始在民间大量涌现，如影响较大的“弓箭社”“英略社”等。武艺结社组织的出现，加速了传统武术在民间的发展。

元朝时期，一方面，元曲的普遍流行加强了文艺戏曲对传统武术的需要，使传统武术的表演性得到了进一步发展；另一方面，元朝为了防止各族人民的反抗，在强化朝廷习武练兵的同时，制定了严禁民间习武的相关律法，这在很大程度上阻碍了传统武术在民间的发展。到了明清时期，民间的传统武术逐渐与军事武艺分离开来。民间武术的发展迎来了传统武术的集大成发展时期，趋于成熟和稳定的招式套路，方便了后世的流传与发扬。传统武术文化完全形成，奠定了传统武术在未来教学中的基础。

（四）古代武术的繁荣

明清时期，中国武术得到极大发展，拳械技艺进一步丰富，流派林立，呈现出蓬勃发展的繁荣局面。

自明代始，以戚继光、程宗献、茅元仪等为代表，对宋以来的武艺进行了系统的总结和整理，把原来主要通过口传身教的武术技术，用明确的文字绘图记录下来，作为习武练艺的范本。到了清代，大量的武术专著问世，如吴殳的《手臂录》、黄百家的《内家拳法》、张孔昭的《拳经拳法备要》、苌乃周的《苌氏武技书》、王宗岳的《太极拳论》等，这些著作中包括军械的图谱、口诀、技法、拳理以及练气诀、养气论等，使武术理论得到了进一步的丰富和发展。

明清时期，武术流派林立，不同风格的拳术和器械得到了极大发展。明代拳法有三十二式长拳、六步拳、猴拳、八闪翻、内家拳等几十家之多。棍技有俞大猷棍、少林棍法、张家棍、青田棍等。枪法有杨家枪法、马家枪法、李家短枪、沙家杆子、六合枪、峨眉枪法、少林枪法等。刀法有单刀、双刀、偃月刀等。剑法有茅元仪《武备忘》博采海外所得二十四剑势、郑若曾《江南经略》记载的“剑法六家”，其他还有明程子颖《武备要赂》中记载的叉、硬鞭套路等。明代武术套路在种类、内容的丰富和结构布局的完善严谨上都是前代不能比拟的。到了清代，拳术和器械的种类就更多，仅《清稗类钞·技勇类》就列有62种拳械，包括不同拳种、器械的对练。著名的少林拳、内家拳、太极拳、八封拳、八极拳均形成于明清。

三、近代的中国武术

1840年鸦片战争以来，近代中国在以科技为先导的西洋文明的冲击下拉开了转型的历史帷幕，伴随着西学东渐的强劲步伐，古老的中国武术走上了转型之路。

1900年到1949年，是中华民族近代转型的关键时期。以该时期中华民族救亡图存的时代主题为研究主线，从1901年武举制被废除、1902年军国民运动到“中华新武术”的革新尝试，从影响深远的“土洋体育之争”到精武体育会、中央国术馆等体育组织的积极探索等一系列重大事件的由点到线、由线到面的平铺与开展，不仅折射出民族自强背景下的武术发展特点、尚武精神的时代价值，以及武术体育化转轨的时代诉求等，而且清晰呈现了民族文化所处的典型宏观背景以及武术文化对于这一时代语境的应激与回应。

（一）群体组织的建立

鸦片战争之后，随着火器的大量输入，冷兵器时代的结束，武术的军事实用价值功能弱化，中国传统的武术为人所重新认识。当时各界人士倡导“强国强种”。1904年梁启超著《中国武士道》一书，就力倡中国古代的尚武传统，强国强民。在有识之士的倡导下，一些以研究和开展武术为宗旨的武术社团纷纷建立。1909年霍元甲在上海创立精武体操学校，1910年改为精武体育会，以“提倡武术，研究体育，铸造强毅之国民为主旨”，广罗全国武术名家，培养技击人才，融合众家之长，消除门户之见，运用多种形式传播推广武术。该会发展很快，先后在绍兴、汉口、佛山、汕头、厦门等地成立了分会，并向东南亚一带发展。在上海还有中华武士会、致柔拳社、武当太极拳社等30多个，在北京有北京体育研究社、中华尚武学社等20多个，其他各地还有如天津的中华武士会、四川的武士会、青岛的中华武士会、山东的武术传习所等。这些民间新兴的武术社团，取代了旧式武棚、秘密结社等带有宗教色彩的组织，向现代体育组织转化，使武术由自发、个体状态转化为群体、官方、大规模的社会化文化形态。

（二）官方组织的建立

辛亥革命后，中华武术在一些社会名流和教育家的号召下开始受到人们的关注和重视，一大批武术会社在很多城市中陆续出现，官方政府也对武术产生了重视。国民党政府于1928年在南京成立了中央国术馆，随后在其他各省、市、县也都相继成立了地方国术馆。其任务是“研究中国武术与体育，教授中国武术与体育编著国术及其他武术之图书，管理全国国术事宜”。这一官方国术馆组织系统对社会上的武术活动进行了积极的行政干预，其决策直接影响着当时武术的总体发展。以上这些民间武术组织的成立以及有着官方身份的国术馆组织系统的成立，也使得武术受地域家族限制的现状被打破，并且也逐渐摆脱了过去传统的师徒口传身教的方式，武术的生存环境开始从农村转移到城市，并且形成了将成熟武术组织作为中心，对武术进行有组织的推广，同时针对武术的相关研究和整理工作也开始有组织地进行。官方性质的武术组织的出现，对于中华武术运动的发展起到了非常积极的作用和影响。

（三）武术形式的创新

民国时期，武术被作为一种强国健体的教育手段推向学校，列为正式课程。在一些运动会上，武术还被列为竞赛项目。

19世纪末20世纪初，随着西方体育大量传入我国，体育在学校中的位置得到确立，一些学校相继在体操中增添武术课。1915年4月，在天津召开的全国教育联合会第一次会议上通过了北京体育研究社提出的《拟提倡中国旧有武术列为学校必修课》议案，教育部明令各学校添授中国旧有武技，武术开始列入学校体育课程。

1918年全国中学校会议决议，以《中华新武术》列为全国各中学校正式体操。《中华新武术》是马良等发起并创编的，分为摔跤、拳脚、棍术、剑术四科，以传统武术动作为素材，借鉴兵式体操的操练方法分段节配以口令，适宜于团体操练。1923年教育部正式把体操课改为体育课，在公布的《中华体育课程标准》和《大学体育课纲要》中，规定了国术为必修课，而且拳种和器械套路不断增多。武术进入学校，教学趋于系统化，改变了传统武术师徒相承的传授方式，拓宽了武术领域，提高了武术教育价值功能，促进了武术的普及。

随着近代体育项目的开展，武术逐渐走上运动竞技场。1907年于南京举行的江南第一届联合运动会上，武术竞赛有击剑、刺枪及柔术三项。1910年10月在第一届全国运动会上，武术被列为正式比赛项目。1923年4月在上海成功举办了中华全国武术大会，这也是中国体育史以及武术史中的首次单项武术运动会。第三届全运会在1924年得以开展，在此届全运会中，武术套路第一次成为表演项目，这也标志着武术运动开始成为综合性运动会的内容。中央国术馆分别在1928年和1933年举办了两次“国术国考”，这也是在近代发展中产生影响力最大的武术比赛。第五届、第六届全运会分别在1933年和1935年得以成功举办，武术成为其中的正式比赛项目。通过以上这些武术比赛活动的开展，也使得武术比赛的相关规则从无到有得以逐渐建立起来，并进行了逐步细化。武术进入运动竞技场，是近代武术的一大进展，尽管竞赛规则尚粗疏，未表现出其特点，但仍向前迈进了一步。

1936年8月，第十一届奥运会在德国柏林举行，由11人组成的中国武术队前往表演。项目有太极拳、拳术、器械的单练和对练，历时1小时，博得万余观众的热烈赞誉。武术队还应邀到法兰克福和慕尼黑进行表演，不少项目都要返场表演两三次，尤其是空手夺枪常常要重复五六次，每次表演后，都有不少人要求签名留念。武术队的表演向世界体坛展示了中国武术，揭开了近代武术对外交流的序幕。

四、现代的中国武术

（一）武术管理体制的形成与完善

1949 年 10 月 1 日，随着毛泽东在天安门城楼宣告中华人民共和国成立，中华民族开始进入了一个开天辟地的新时代，中国武术作为民族传统体育的一个重要组成部分，深受党和国家的重视。

国家不但在高等院校及体育学院开设了武术专业，还组织专业人员在继承传统拳术的基础上广泛吸取众家之长，整理出简化太极拳、初级长拳、中级长拳以及器械套路。20 世纪 50 年代，国家体委陆续组织专家编制了太极拳、长拳、刀、枪、剑、棍的初级、乙组、甲组套路，促进了技术规格的统一化。1950 年，中华全国体育总会召开武术座谈会，提出了大力倡导武术运动发展的观点。1952 年国家体委顺利成立，设立了民族形式体育研究会，需要承担的重要职责是挖掘与整理包括武术在内的多种民族形式体育。1955 年，国家体委在运动司下设武术科，其职责就是负责武术工作。在此之后，把武术课升格成武术处，主要职责是落实武术方针和武术政策、大面积推广武术运动、积极开展武术竞赛、对各地群众武术组织的活动发挥指导性作用。1957 年，武术第一次被列为正式比赛项目。1958，中国武术协会成立，《武术竞赛规则》《武术运动员技术等级标准》《竞赛规定套路》《中国武术段位制》等相继制定颁布。1959 年制定的武术竞赛规则将武术项目分类，进行同类、同组比赛，增强了套路比赛的可比性。

20 世纪 60 年代，在 20 世纪 50 年代的基础上编辑而成的系统的武术教程促进了体育基础科学知识与武术的结合，训练程式和基本功系列逐渐稳定。自 1960 年开始，各省、自治区、直辖市纷纷成立了武术运动队。业余体校也增设了武术班，大、中学也都把武术列为体育教学的必修内容。

1972 年以后，武术同其他一些体育项目开始恢复，全国性的武术比赛和表演，在停顿了 6 年之后又举办了。当时武术发展主要表现为太极拳、南拳、八卦拳、通臂拳等的普及，而长拳套路则在出现舞蹈化倾向引起反感的情况下，在 1979 年的竞赛规则中删去了关于给新颖、难度动作加分的规定。总体而言，新中国成立以来，作为一项民族传统体育项目，武术主要开始承载着增强人民体质的使命，逐渐向着一种体育形式的改造与规范发展。

（二）武术的蓬勃发展

党的十一届三中全会后，武术步入兴盛发展时期。大会确定的“解放思想、开动脑筋、实事求是、团结一致向前看”的工作方针，把武术工作提到了应有的、与实际相符合的地位，给武术运动带来了青春活力和生机，出现了蓬勃发展的新局面。

1982年11月，国家体委在北京召开了第一次全国武术工作会议。这是新中国成立以来最盛大、最重要的一次会议。参加会议的有各省、自治区、直辖市体委主管武术的负责人、直属体院的负责人、武术家、教授、教练员、运动员、基层武术工作者、武术运动的积极支持者360多人。会议总结了新中国成立以来武术工作的经验与教训，制订了新的历史时期发展武术工作的政策和任务：大力开展群众性武术活动，坚持普及和提高相结合。武术运动不仅锻炼价值高，而且内容丰富，形式多样，不受年龄、性别、季节、场地和器材的限制，因此受到各族人民的喜爱。发展武术运动，必须狠抓普及。这是我们要抓的工作要点。不抓普及，就会偏离方向，发展中国武术这一民族文化遗产就会成为一句空话。各级体委要配合有关部门，广泛宣传武术的知识和作用，积极在广大学生、工人、农民中开展武术运动，使它遍及城乡。特别是农村体育要把武术作为重点内容。我们要努力工作，更快地实现武术的社会化，这是件有深远意义的事情。一种具有民族特点、民族风格的文化活动形式，一旦得到普及，被广大人民所掌握，就会成为这个民族精神风貌的一部分，对振奋民族精神产生难以估量的作用。当时全国掀起了一股“武术热”，青少年学习武术的人数迅猛增加，形势十分喜人。

1990年在北京举行第十一届亚洲运动会，武术被列为正式比赛项目，有11个国家和地区的96名男、女选手参加了比赛。4年后，在日本广岛举行第十二届亚洲运动会，武术又被列为正式比赛项目。1993年在上海举办的首届东亚运动会上，武术也被列为正式比赛项目，其所设的比赛项目与第十一届亚运会相同。通过这些竞赛活动，增强了世界人民对武术的认识和理解，增进了中国武术界与各国武术界的友谊。1994年10月，国际武术联合会已被世界单项体育联合会正式接纳入会。所有这些，都标志着武术走向亚洲、走向世界的胜利，也是武术进入体坛高层次竞赛的里程碑。为武术最终步入奥林匹克运动会奠定了基础。为有效加快群众性武术活动的发展速度，1991年在全国范围内开展了评选“武术之乡”的活动，1995年在全国开展了“武术百杰”评选活动，1997年经国家体委批准颁布实施“中国武术段位制”。

随着我国对外开放形势的发展，武术正在逐步走向世界，越来越多的国家和地区兴起了武术运动，成立了武术团体。中国武术的国际交往日益频繁，到中国来学习武术的团体和个人络绎不绝，武术越来越受到世界各国人民的重视和欢迎。中国武术正在走向世界，它必定在全世界大放异彩。

第二节　武术运动的文化内涵及其价值

一、传统武术的文化内涵

（一）武术文化的定义

武术是一项以技击动作为主要内容，以功法、套路和搏斗为运动形式，注重内外兼修的民族传统体育项目，发展到现在已有几千年的历史。在漫长的发展历史过程中，武术逐渐形成了内容丰富、价值广泛、文化色彩浓厚的中国所特有的体育文化形态，中国传统武术经历了数不清的坎坷与挫折，始终顽强地在中国大地上传承并发扬光大，是中国传统文化的重要组成部分，是世界公认的中国符号。传统武术的发展，伴随和见证了中华民族文明的历史进程。发展和弘扬传统武术，具有振兴民族文化、促进中外文化交流的重要意义。

武术一词最早出现在南朝梁武帝长子萧统所编的《文选》中，文中有诗句“偃闭武术，阐扬文令”，其意指停止武战，发扬文治。这里的武术泛指军事武力，与今天的武术概念所包含的内容大相径庭。

现代关于传统武术的定义有多种说法。学者周伟良先生认为，传统武术是农耕文明的产物，是一种注重体用兼备的中华民族传统体育活动。它以练习套路、招式、功法为主，以家传或师徒传承为主要方式，以提高击技能力为主体价值。温力先生认为，随着现代竞技体育的产生与发展，竞技武术随之出现。由于竞技武术与民间流传的武术区分越来越大，人们便将在民间流传的武术称为传统武术。范国平先生认为，传统武术是一种集修身养性、防身自卫、娱乐审美为一体的，富有浓郁的民族传统特色的身体活动。它以中国传统文化为理论基础，以击技训练为核心内容，以掌握攻防击技为主要活动目标，体用兼备，打练结合。单锡文先生认为，传统武术是中华民族经过长期实践逐步积累发展起来的，富有浓厚民族特色的民间武术各流派技术的总称。它以中国传统文化为理论基础，以功法、套路、格斗为内容，以健身、防身、养生为主体价值。

尽管学者对传统式术的界定各不同，但是大体都包含以下内容：一是中华民族传统体育，二是以传统文化为理论基础，三是以击技练习为主要内容。学者关于传统武术定义的解释，有益于提高和深化人们对传统武术的认识。为了揭示出传统武术的内在品质，并阐释传统武术的传承与发展提供有力的逻辑起点，我们在此将传统武术定义为：传统武术是以农耕文明为诞生背景，以民间习武样落为主要依托（直至现在），以“源流有序、拳理清晰、风格独特、自成体系”的拳种为基本单位的各种武术门派的总称。

（二）传统武术的文化特征

武术的发展与中国传统的文化环境是分不开的。在漫长的历史进程中，武术不断受到哲学、政治、军事、宗教、艺术、生物与医学理论以及社会习俗等中国传统文化的影响，中华民族独特的思维方式、审美情趣、道德观念、价值取向以及人生观、宇宙观等在武术中都有不同的反映。

1. 兼容并包

兼容并包是传统武术发展过程的重要文化特征。尽管武术的拳种和器械套路在运动形式上存在着这样或那样的差异，但传统武术能够历久弥新、派别林立多种技法流派并存，其奥秘就在于武术文化所孕育的兼容并包的文化发展环境。中华民族文化是一个在“百家争鸣”的氛围中产生并积累起来的文化，从“孔孟显学”并行天下，到“儒道佛”三家并立，都造就和体现出文化发展过程中一种无所畏惧、无所顾虑的兼容并包气派，塑造了我们中华民族的博大胸襟。尽管历史上也曾有过武术的派别相争，产生过门户之见，但在大的文化发展图景之中，派别之争、门户之见都不能成为传统武术发展中的主流文化。武术文化之所以能够达到如此的高度，取得辉煌的成就，归根到底是武术发展过程中各团体、宗族、派别之间的相互融合、共同进步的结果。这充分显现出了中华武术兼容并包的文化发展特征。

2. 不断超越

传统武术不断超越的内在品质，是以传统武术的流动性和开放性为基础，并于发展的过程中逐渐形成的。传统武术的每一个时代发展都以前一个时代的发展作为历史前提，即每一个时代的武术人要在继承前代传统武术的基础上，为后一代武术人创造新的历史前提。因此，就每一个时代具体的传统武术形成而言，从武术先辈们那里继承下来的传统武术文化成果，以及反映自身所处那个时代的社会存在，是历史前提的两个基本来源。传统武术之所以拥有强大的生命力，主要是因为它在历史的“旅途”中不断地“新陈代谢”，并根据时代发展的要求不断地重新选择出场路径和创造新的在场形态。确切地说，每一时代的人想要开始自己的活动，都必须对前人的实践成果进行继承，并把前人的实践力量纳入自己的活动之中，以强化自己的实践能力。对于前人来说，传统武术是一种生存技能，要将其传授给后人；后人在继承前人传承的传统武术生存技能的同时，要结合自己时代的实践活动、目的要求对其内容进行淘汰、继承、创新和发展，以提高自己的实践能力。

传统武术就是以这种不断超越的方式世代繁衍生息的。因此，每一时代的传统武术既有过去的武术传统，又有结合自己当代实践的时代特色。任何传统武术形态都不是永恒不变的，从传统武术不断超越的内在品质的角度上来看任何一种传统武术形态都离不开当时的时代历史语境，人们追求“正宗”或“原汁原味”的传统武术的行为与传统武术内在的超越品质相悖。了解传统武术的概念和特点，有助于我们进一步对传统武术进行更深层次地探究，探寻传统武术的理想，同时也便于我们探究传统武术当代的文化模式和发展走向。

3. 流动而恒久

传统并非是在过去就已经凝结成的一种实体，而是流动于过去、现在、未来的一种过程，是变化的。传统是尚未被规定的东西，是永远处在制作、创造之中的、具有无限可能性的半成品，未来是其真正的落脚点。因此，传统不应被认为是过去已经存在的东西，而应被看作是未来可能出现的东西，它包含了未来的人、事、思想、精神、心理、意识、文化等。未来的一切传统武术也应是一个正在发展的动态过程，是一个还正在继续发展、完善的事物，而不是一个有稳定的静态结构所组成已经定型了的事物。

传统武术的形态是恒久的，它一边在融合视域中回顾与反思历史中的传统武术文化，一边不断地在流动中寻找未来的前进方向。武术谚语中“一日练一日功，一日不练十日空”“功到自然成”等就充分展现出先辈在“务实精神和恒久意识”的文化特征影响下形成了武术习练的恒久意识和态度。传统武术的习练是一个终身修炼的过程，人们对武术最高境界的追求是无止境的。传统武术的习练者对武术的钟爱更多的是追求达到一种境界，而这种境界的追求使得他们必须具有一定的恒久意识。他们以习武为己任，视武技为生命，在“艺无止境”的感召下研修不止，体现了我们中华民族强调恒久的精神实质。

（三）武术文化与中国传统文化

1. 武术与古代哲学

中国古代哲学亦称中国古典哲学或中国传统哲学。我国古代哲学是通过研究世界的本原和历史演变的规律，从而形成了独具中华民族特色的自然观、历史观、伦理观、认识论和方法论。具体而言，我国古代哲学有以下几方面特点：我国古代哲学的根本特点是对生命的重视；我国古代哲学始于先秦，历史悠久，与同期世界其他地区的哲学相比，属于少数达到较高水平的哲学形态之一；我国古代哲学有道、气、理、神、虚、诚、明、体、用、太极、阴阳等独特的传统概念范畴；我国古代哲学强调用整体、有机、连续的思维看待问题；我国古代传统哲学与伦理学联系密切、相互渗透；我国古代哲学思维是一种以经验为基础进行体悟的直观思维。我国古代特有的哲学体系是中华民族的文化基础，它对中华文化、古代社会的发展起着至关重要的作用。

中国古代哲学的范畴很大，包罗了许多传统思想及学说流派，我们仅从古代哲学的本体论、认识论、方法论三个方面来探讨武术的思想渊源。

其一是主体论，中国古代的朴素唯物主义认为道与气是构成世界的本源，其中气是用来解释生命历程的。在传统武术理论中，气被视为武术的原力、本根以及武术养生的理论基点，是传统武术生命的精髓所在。传统武术的功能、神韵、绝技等外在形态，均为气的演化与体现。本体论的另一个重要观点是“天人合一”思想。所谓“天人合一”，指人与自然、人与社会以及自我身心内外的和谐统一。简言之，就是讲人与自然的关系。武术是人体的运动，人体自身的运动与宇宙自然的运动有着内在的紧密的关系。要达到强身健体的目的，练武实践必须顺应自然，遵循自然规律。武术传统练功十分注重按自然界四季和人体生理机能的变化采用不同的方法，来达到练功的目的，提高锻炼效果，实现人与自然的统一与和谐。

中国古代哲学认识论的基本概念为“知行”观。古代哲学家认为，只有把认识和实践统起来才能称得上“善”。总体来看，中国古代的“知行合一”强调要真切地认识并实践“天道”和“人道”。“知行合一”是传统武术认识论的基础，是传统武术发展的重要理论。在一定的社会需要下所产生的传统武术，其演练武术的宗旨可用“学以致用”“直觉体悟”“切合实用”等词语来表达，即强调基本功练习，强调切合实用在武术中的体现，要求学习者身体力行，用直觉去领悟、体验和把握，这也是我国民族传统思维的特征。

阴阳对立统一的朴素辩证法思想是《易经》最基本的思想。《易经》就是研究探讨阴阳变化广泛存在的规律，它指出世界上万事万物神奇莫测的变化均为阴阳对立所使然，由阴阳对应观念衍生出一系列诸如动静、刚柔、虚实、开合、内外、进退、起伏、显藏、攻守、始终等对应概念。这一系列描述事物变化的原理，被极其广泛地运用于各拳种、门派的武术理论之中。它们所代表的诸多对应因素的不同组合，及其对立与转化的种种变化，构成了中国武术的极为丰富、色彩各异的多种技击原理与方法。武术要求“动静相生”“刚柔互补”“快慢相间”“后发先至”，这都是以阴阳辩证观念为指导的。

2. 武术与兵家

武术与军事可谓同源之水、同本之木，这是由二者的攻防格斗本质所决定的。先秦时期记载关于上古历史的典籍中，也对最初的兵器有所提及。《世本·作篇》中记录黄帝的臣子“挥”和“夷牟”，也就是弓和矢。虽然记载具有神话传说的色彩，但是现代历史考古者对大量石兵器进行分析鉴定，时间上与典籍上的记载确实相吻合。

公元前21世纪，我国历史上第一个王朝夏朝建立，中国进入奴隶社会。在这一时期，奴隶主们为了确保和巩固自身的统治，建立军队，制造兵器，随时可以进行战争。至此，兵器作为用于战争的专属工具，与生产工具相分离，独立存在。在冷兵器时代，不论是大型的集团作战，还是小规模的矛盾冲突，战争的成败主要还是依赖于个人的作战能力，一对多或一对一的近身肉搏在战争中十分常见。因此，军队特别重视士兵的选拔。商周时期，非常注重“六艺”教育，即“礼、乐、射、御、书、数”。这“六艺”中，前四艺都具有军事武艺的内容。

武术与兵家之间的相互渗透与促进不仅表现在技击术上，更多的则是反映在战略战术等基本思想理论上。这些基本思想、基本理论即使在当今的军事战争和武术竞赛中也同样具有重要的指导作用。在古代兵法著作之中，《孙子兵法》是最为重要、影响最大的一部，它博大的内涵、高深的哲学思想及杰出的见解不仅对军事科学有极其重要的意义，而且，其智慧的光芒至今还被许多领域作为行为的思想准则。植根于传统文化土壤中的中华武术，其技击战略战术思想直接来源于《孙子兵法》。《孙子兵法》与古代其他兵书相比较，其论述的重点更多的是对深层的思想理论的阐述与战略策略的探讨，表现出深邃的哲理性。因此，从古迄今，《孙子兵法》均被列为兵家首读之书，作为武术技击理论的指导思想。

3. 武术与传统美学

中华武术具有独特的审美价值，它的基本审美特征和表现方式也是武术运动自身理论体系的一个重要方面。

中国武术拳种众多，动作千变万化，但都是源于目的的实现而引起的愉快，即掌握了攻防格斗技术而引起的精神愉悦，这是最初的审美萌芽。后经历代武术家将其攻防格斗的技艺加以提炼、概括、加工和程式化，逐步形成相当稳定的套路形式，使其既具有技击的特点，又符合生命的自由活动形式。而积淀在技击中的人的智慧、才能、力量、灵巧、勇猛、坚强等，成为人们观赏的对象，给人一种紧扣心弦的特殊审美感受。

传统美学范畴意境，通常被解释为文艺作品中所描绘的图景和表现的思想感情融为一体而形成的一种艺术境界。而具体到中国武术，套路的形成与传统美学注重意境美有密切关系。套路是按一定的价值取向和审美需要，将具有攻防意义的技击动作进行艺术加工，它要和演练者、编创者的情感、精神融合一致，从而达到情景交融，神形交融。

武术是中华民族优秀的文化遗产，是我们祖先在经历长期的生产、生活实践活动后，发生、繁衍、发展形成的民族文化，形成了自身独特的艺术内涵。武术作为一项体育运动，它聚合了体育与艺术的精华，显示出超越体育的艺术魅力。武术的全部内容倾注着中华民族特有的气质、民族心理、民族美感和民族精神。武术的美学特征，是建立在中华民族传统文化基础之上的，是一种融运动美与修养美等为一体的特殊美学表现形式。

4. 武术与传统医学

两千多年来，中国传统医学与武术同在一个自成体系的文化区域内发展着。宏大、缜密的中医理论不可能不对武术理论及其流派技术产生巨大的影响。武术与传统医学同属人体文化的性质范畴，它们有着共同的哲学方法论基础，并在同一文化区域内相互融合、渗透，又共同丰富、发展。

传统医学是在唯物主义元气论的哲学基础上建立起来的，其根本特点与优点就是它的整体综合观与阴阳辩证观，并进而提出“精、气、神”为人体“三宝”的观点，认为三者一体，互相依存；武术则将传统医学的这些理论完整地吸收到自己的理论体系之中，逐渐形成了形神合一、内外兼修、内养性情、外练筋骨的养身思想和健身之道。武术不少拳种就是在中医经络学说的指导下进行健身的。另外，武术与传统医学的骨伤科也具有血肉相连的关系。总之，武术与中国传统医学的长期相互融洽，促进了二者的共同发展。

传统的医学经络学说为武术的“点穴”法提供了理论基础。不少拳种就是在中医经络学说的指导下进行练拳健身的。另外，武术与传统医学的骨伤科也具有血肉相连的关系。中医当中的整体施治、辨证施治原则对武术的发展也有影响。武术中的某些拳种以中医学的整体观为指导，合理地运用了五行相生的原理，亦即水（肾）生木（肝）、木生火（心）、火生土（脾）、土生金（肺）、金生水的运化过程，调整气血平衡，补虚泻实达到“内外兼修”“扶正祛邪”的功效。同时，武术也充分吸取了中医辨证施治的基本方法，如根据不同年龄、性别、体质来选择适合本人的锻炼项目，注重壮内和培养真气以达到健内安外的健身效果。

武术既具有自发的医学成分，又具有移植或借鉴传统医学知识技能的医学成分。武术中的中医成分，促进了武术技法的合理化，完善了武术运动训练理论，促成了武术自身体系中药功、骨伤科的发展，并逐步形成了武术医疗体系。从中医形成发展的角度来看，传统医学是以总结中华不同地区、不同领域人们与疾患做斗争的实践经验为基础形成的。武术领域的医学实践经验，是传统医学的一部分。练武用武的实践经验，拓展了中医对人体活动规律的认识；武术内功法和健身拳术，丰富了中医的保健手段；武术医疗促进了传统医学治疗手段的发展。

5. 武术与宗教

严格说来，宗教是各种文化观念、伦理观念、社会观念的综合体。作为一种意识形态，宗教在武术的发展过程中发生过一定的作用和影响。

道教是中国土生土长的宗教，比其他任何宗教对武术的影响都较全面深刻。从技术层面来看，道教的服气、行气、导引、吐纳之术直接为武术所借鉴。从精神与理论层面来看，道教的无为、贵柔、主静等思想则指导着武术自身的理论建设和发展。太极拳等内家拳种的产生就是这种影响的结果。少林武术的发展则表明武术与佛教之间也有着不解之缘。少林武术依附于佛教寺庙和僧侣集团，使其自身发展获得了良好的外部因素。而佛教精神、教义、戒律等对少林武术的武德、武风、武技的形成与发展也具有重要的指导意义，少林武术又以其独特的功能和影响为佛教的传播起到了积极的促进作用。

按武术门类分类法，有主要传承于河南嵩山佛教名刹少林寺的少林门，主要传承于湖北道教名山武当山的武当门，以及所谓达摩门、罗汉门、二郎门、大圣门、醉八仙、佛山等门类，均带有宗教色彩；按武术功类分类法，内家以道教武当派的武功为代表，外家则以佛教少林派武功为代表；按地域分类法，将武术分为南、北两派，同样也是将武当武功、少林武功作为代表。

6. 武术与艺术

武术与杂技、舞蹈、戏曲等艺术有着亲如手足和互相滋养的关系，从对艺术的作用中可以看出武术在整个中国传统文化构架中的重要地位。

杂技是一种以超常的技巧为特征的表演艺术，它是从人类在与自然争斗中显示自身力量和技能的由自娱到娱人的原始艺术发展而来的。杂技比其他歌舞、戏曲等表演艺术更接近武术。数千年流传不断的杂技艺术，直接影响了中国武术的发展。

我国古代杂技项目可分七个方面：形体技艺、力技、投掷技、幻术、动物戏、乔装动物戏、滑稽。这七大项中多数项目都是直接来源于武技，或者可以转化成武技。同源共生和互传互补成为中国杂技与武术的重要联系。在古代的时候，武术和杂技经常交融在一起，很多武术摒弃成为杂技的表演道具，如“飞叉”便是由武术器械演化而来的。当一些武林人士生活比较落魄的时候，常常会流落街头，以卖艺来谋生，在杂技中，有很多武艺高超的人物，对中国武术的普及和发展起到了非常重要的推动作用。杂技艺术中也有许多武艺高强的人物，不仅对中国武术的发展和普及起了有益的作用，有的还成为反抗封建官府、领导被压迫者起义的领袖人物，如李自成起义大军中的红娘子就是一位武艺高超的走绳杂技艺人。至于传统武术的训练方法，自然也为杂技所运用。如“内练口气，外练筋骨皮”等，正是武术与杂技共通的训练原则。中国武术的硬功和柔术常常被杂技发展成为独具特色的表演节目，至今活跃在舞台上。

中国舞蹈自创始之初就与武术结下了不解之缘。古代的“舞”与“武”交融，舞中行武，舞中现武，舞中存武。我国民间的一些舞蹈，刚开始也是起步于武术的拳房当中。如山东的“鼓子秧歌”，讲究文武并重，以武术基本功来建立自己的艺术基础。还有河北地区流行的武术扇，就是武术与舞蹈的结合。湖北湖南流传千年的巫舞，也跟某些武术拳派一样，以阴阳八卦、五行九宫来记载其舞步。随着社会的发展，武术与舞蹈的概念分得越来越清。武术逐渐从武舞中分离出来，形成了舞蹈与武术两种风格各异的文化形态。但是武术跟舞蹈的关系却是不可分割的。

我国戏曲以唱、做、念、打为主要表现手段，与武术的关系是十分密切的。戏剧的起源，出于歌舞，载歌载舞的中国戏曲自然更是如此。自明清以来，当时的城市经济非常发达，很多商埠之间的货物往来都需要专门的镖行进行保护，在镖行中有很多武术高手，同时镖行对于武术的发展起到了一定的促进作用。后来随着镖行的没落，在镖行工作的很多镖师有的到庙会上打拳卖艺，有的则是栖身于梨园，为京剧演员练功、说把子，也有一些人可以登台进行表演。如形成于明代中叶，流行于清代乾隆年间的《柳子戏》，其中便含着很多武打戏，而且都是真刀真枪的对阵，并且具有专门的名称，如“大刀破矛”“狮子滚绣球”等。对于一些戏剧演员来说，文武并重是必备的技能。

武术的文化内涵极其丰富，是其他任何运动项目都不可比拟的。随着武术作为一种健身和竞技体育运动项目逐步走向世界，其丰富多彩、博大精深的武术文化也会传播到世界各地，在促进国际文化交流中发挥其应有的作用。

二、传统武术的价值

（一）文化传承价值

传统武术在几千年的发展进程中，深深地熏染了中国传统文化和东方哲学思想，并以此来构筑自己庞大的科学体系。因此，无论从拳理拳法，还是在具体动作中，都能强烈地感受到中国传统文化的气息。武术凝聚了中国传统文化的内涵，并体现了中国传统文化特征。可以讲，武术系统地继承了中华民族的传统文化。

传统武术文化是我国传统武术观念形态、武术的运动方式和武术精神的物化产品的总称。中国传统武术文化作为武术观念形态，反映着人们的世界观、思维方式、心理特征、价值观念、道德标准、认识能力，是民族精神的结晶。中国传统武术文化可以不断地物化在某种物质上，凝结在武术技巧、武术器械、武术训练方法及规则、服饰、场地等物质的、制度的和理论思想等诸构成因素中，并通过人的武术运动方式和精神文化产品反映出社会的价值观念、道德观念、心理特征和思维方式等。

传统武术文化不是一个凝固的概念，在历史传承中它会发生变异，不仅需要增添新的内容、新的典范，而且需要对异质文化进行吸收和融合。毋庸置疑，中国传统武术文化同西方体育文化的差异和冲突是明显的，西方体育文化是以古希腊文化为发展背景的，经过欧洲文艺复兴和 19 世纪以来的工业革命，形成了一种以自由竞争、平等博爱和宗教思想为核心的海洋性民族文化。在其影响下，几乎全部的西方现代体育项目都有这一特征。而中国传统的武术文化，以自然经济为基础、以家庭为背景、以儒家思想为核心，是一种处于封闭状态的大陆性民族文化。这种文化的特点是主张仁爱忠恕，提倡温文尔雅，反对激烈的对抗与竞争，追求一种与世无争的清静无为的田园生活。但从技术层次来讲，从科学技术发展的水平看，东方文化是大而化之，比较粗糙，唯象的东西多。西方文化则比较具体、精微，唯理的东西多，强调以定量方式搞清楚问题。因此，我们应看到东西方文化的差异与特色，在保持自己独立性和尊严以及民族风格的前提下，认真对西方体育文化进行吸收和消化。

随着我国改革开放的进一步深化，我国已逐步融入世界。随之而来的是不同民族文化之间的碰撞与渗透。因此，在这一文化交流活动中，武术充当了很好的载体。在美国有句名言：“不懂武术则不知中国人。”从这句话可以看出，武术已成为中国人的象征，是中华文化的典型代表，是中华民族精神的延续。因此，继承传统武术是中华民族自立于世界民族之林的前提。

总的来看，我国传统武术历史悠久，源远流长，作为独立的社会文化现象，是同中华文明同步产生的，并在特定的政治、经济历史背景下被时代赋予不同的价值功能。随着社会的发展，武术的价值功能由低层次逐渐向高层次演变，由物质方面向精神方面发展，由生理需要向心理需要发展，这是武术自身发展的客观规律，是武术发展的大趋势，是不以人的意志为转移的。当然这种趋势也可能在某个历史阶段受社会环境的影响而出现波动，但纵观武术发展的整个历史过程，从武术发展的主流来看，它还是呈层次性递进发展的。在传统武术未来的发展中，我们应抓住传统武术的主要价值功能，分清传统武术功能价值的内涵和外延进行指导和引导，充分挖掘传统武术潜在的、高层次的价值功能，运用发展的眼光，从战略的高度对待传统武术价值功能的传承与转变。只有这样，才能使传统武术在我国焕发新的活力，才能为世界文化增添独有的色彩。

（二）构建和谐社会的价值

武术传统文化精华的挖掘和其功能价值的开发，会很好地促进武术与整个社会的和谐发展。

传统武德对如何做人提出了相关的价值尺度，这个价值尺度不仅对人们在“仁、智、礼、义、信”上进行教育，而且涵盖了爱国之德、处世之德、侠义之德，更多的是培养人们去遵守社会公德。它教育习武者不要追求物质，而应该去追求深层次的精神价值，以利于人与人、人与自然、人与社会的和谐发展。武德的发展并不局限于武术界，它在整个体育界和社会的各个行业中都有积极的推广价值与作用，从而成为整个社会和谐发展的桥梁、纽带和催化剂。

所谓“人人强，国自强”，通过武术的育人价值，培养出具有不息、不淫、不移、不屈的民族性格的合格人才，从而为社会主义建设和中华民族伟大复兴贡献出力量。历史证明，一个民族如果要复兴，必须要推动生产力发展，但也不能只发展生产力，忽视其他方面的建设。发展生产力是振兴民族的基础，但这不是唯一的基础。必须把培育自强不息、积极进取的民族性格和发展生产力同时进行，这样民族发展才有希望。一个民族必须要自强不息，虽然有的民族创造了光辉灿烂的文明，但是常常连自己的家园与文化都保不住，就更谈不上延续文明了。世界文明的竞争，最主要的还是民族文化的竞争。西方具有先进的科学技术，这也是建立在鲜明的民族个性的基础之上的。中华民族如果想在世界发展中占据更高的地位，就必须做到自强不息、自强自立。

武术练习，不仅能预防疾病，强身健体，而且能形成坚忍不拔、锐意进取的精神，还能践行社会主义核心价值观，形成高尚的精神与情操，实现德智体全面发展，成为各方面和谐发展的优秀人才，从而成为社会主义发展的人才。

民族精神是民族的生命，也是民族创造力和民族凝聚力的集中体现，是一个民族赖以生存和发展的核心与灵魂。只有充分发扬民族文化精神的主体性，才能实现中华民族伟大复兴的历史任务。中华民族精神作为建构和谐社会的内在动力，无疑是民族文化精神主体性的重要体现，也只有如此，我们才能成功构建和谐社会。

总而言之，武术是中华民族精神的集中体现。诚信守义、厚德载物、自强不息、爱国保家、勤劳勇敢的价值正是武术所倡导的。因而，武术必将在和谐社会构建中发挥重大作用。

（三）交流价值

武术能增强人与人之间的交流，是增强团结与促进友谊的一种重要手段。随着武术运动的不断推广，越来越多的人参与到武术运动的大潮中来，而这些群众性的武术活动也更多的是“以武会友”，进行武术各方面的交流，通过共同的习武爱好，进行武艺的切磋，在扩大交往的同时，也使各种思想得到了交流，从而增进了人们之间的相互了解，改善了人际关系，从而创造和谐文明的社会环境。而随着武术世界化的发展，使得武术在国际上的交流也不断加深，许多国外武术爱好者也都慕名来到中国进行武术学习，在练习的过程中，他们也对中国的传统文化有了较为深刻的理解。一些大型的武术竞技比赛、演武大会等活动，还可以有效促进各地各国的经贸往来，为经济的繁荣做出一定的贡献。

除此之外，我国传统武术作为中华民族的优秀传统文化和体育项目，在国际交往中也发挥着其特殊的功能。在当今时代，随着传统武术在国内的兴起，它也正在逐步被世界人民所认识和接受，国际交往也日益增多。国际的体育交往，能促进国家与国家之间、不同民族之间的相互了解和信任，有利于人类社会的和平发展与稳定。

（四）经济价值

经济是社会赖以发展的基础。发展体育运动的目的，最终是促进经济的发展。体育和经济的发展有一种内在的联系——经济的发展需要健康的劳动力，而体育的发展又需要有足够的物资和资金上的保证。体育的发展可以为社会提供更多的健康的劳动力，经济的发展又可以为体育的发展提供物资和资金上的保证。同时体育本身就可以成为一种产业，体育产业的发展能够直接带动经济的发展。这就决定了体育在国民经济中的地位，有其独立的社会职能。武术是我国的一项传统的体育项目，它拥有广泛的群众基础，所以它在促进我国经济发展中有其特殊价值。传统武术的经济功能所具有的潜在性和间接性主要表现在以下两点。

①我国传统武术所具有的健身修身效果拥有巨大的潜在经济效能，通过传统武术习练，能够增进身心的健康，提高学习与工作的效率，促进社会生产的发展与生产力的提高。

②我国传统武术具有竞技性与表演观赏性。在组织宣传传统武术运动的同时，开展相关的经贸活动，如武林大会、传统武术文化、少林武术节等的举办，都是“武术搭台、经贸唱戏”的绝好表现。

首先，增强人的体质就是发展生产力。在社会生产中，劳动者是首要的能动因素，从事体育锻炼可以增进劳动者的健康，从而保护劳动力。同时参加体育锻炼可以提高人的素质，包括身体素质和思想素质。在生产活动中有了健康的劳动力，不仅可以提高生产效率，而且可以延长人的寿命，从而延长了劳动力的使用时间。所以说参加体育锻炼，对于个人来说增强了体质、促进了健康、丰富了生活，对于整个社会来说则发展了生产力。从这个角度考虑，武术在提高人民的健康水平和促进经济的发展方面起到过并且还正在起着不可估量的作用。

其次，发展体育运动的最终目的是促进经济的发展。体育本身就是一种产业，体育事业的发展能够直接带动经济的发展，这也就决定了体育在整个国民经济中的地位。在我国，体育是国民经济中的一个独立的部分，有其独立的职能。武术是我国的一项传统的体育项目，它拥有更为广泛的群众基础，所以它在促进经济发展中又有其特殊的价值。

武术文化产业的文化产品自身具备一定的使用价值，因此也可以说它具有精神属性。武术文化产品一般有两种形态：第一种是物质性的产物，如图书、音像、影视作品等；第二种是虚拟物质，生产过程就是消费过程，如武术表演、武术赛事、武术电影等。武术文化产业创造出来的武术产品，能够满足人们的精神需求，这也是武术文化产品的使用价值。各种武术活动，包括各种表演、比赛、训练、教师上课、爱好者之间的传播等，武术都是以精神产品为社会提供服务的。人们需要学武术、练武术、了解武术、观赏武术表演和比赛，这都是对武术这种精神产品需求的表现。参加武术锻炼的人数增加，正说明人们对这种精神产品的需求增加。而人们对武术进行探讨、议论，研究其技术的发展，也正好说明了要围绕着这种精神产品供需情况来提高这种产品，以适应人们对武术的需要。群众对武术的评价、议论，正是消费者对这种精神产品好坏的品评。武术运动功能具有多样性，这就注定导致武术的经济功能的多样性。武术的经济功能对国家、民族和每个中国人都具有不同的经济价值。武术文化形态的多样性决定了不同群体在武术的经济消费上具有多样性。消费者接受和消费武术无形的文化思想和文化形象的内涵，感受到中国功夫的无穷魅力，得到满足、享受、愉快的情绪与精神，这就是武术文化的作用力。

武术的传播过程实际上是群众的交往性活动。通过武术运动，人们在一定道德的规范约束下相互交流，结交朋友，收获友谊。如今，以武术作为交流沟通的形式，能够推动不同民族间的交往，增进民族地区的经济与文化的友好往来。

第三章 传统武术与其他学科发展研究

传统武术有着悠久的发展历史，在国际上拥有强大的影响力。传统武术发展到今天与其他学科多有交叉，相关研究也在不断增多，并逐渐深入。传统武术与其他学科的发展研究多集中在动力学、运动学等运动相关的学科以及竞赛管理学科和现代技术学科的研究，本章将从这几方面着重介绍传统武术与这些学科的发展研究。

第一节 传统武术与运动的相关学科

一、武术运动能量代谢特点

中国武术运动与中国其他运动项目不同，中国武术套路演练要求节奏明快、劲力顺达、动作连贯，它是一种在短时间内运动强度较大的民族传统体育项目。在进行武术锻炼时，人体内的能量供应是一个完整的体系，它可以分为有氧代谢和无氧代谢两种类型。这两种代谢类型包括磷酸原系统、糖酵解系统和有氧氧化系统。一般来说，武术的供能体系是由 ATP-CP 供能系统和糖酵解供能系统两部分组成。人体在运动时，肌糖原是骨骼肌最重要的能源物质之一，运动强度越大，糖供能的百分率也越高。

人体在耐力训练时，人体对运动时肌糖原的利用有重要影响，主要表现在进行长时间中等强度的运动时较多地利用脂肪酸的氧化来供能，对糖的利用有节省作用。在进行强度较大的运动时，肌糖原的分解速率相对比未经训练的机体要快，从而保证了人体在运动时产生较大的输出功率，能够完成较大强度的运动。

根据上述能量代谢的特点，所以在进行武术锻炼时要尽力提高武术运动员的糖酵解供能系统能力，提高肌体在缺氧时的能量供应和增加肌糖原消耗，使肌糖原达到较高的超量恢复，以保证运动员在激烈比赛时的能量供应。

二、武术与运动相关学科的关系

（一）武术与牛顿运动定律

1. 牛顿第一定律在武术运动中的应用

（1）牛顿第一定律的内容

任何物体在不受力或者受到的合外力为零时，它将保持匀速直线运动状态或静止状态。

在自然界中，找不到完全不受外界作用的物体。在实际应用中，“不受力作用”在某种意义上应理解为物体受到的力恰好相互抵消，这时结论依然正确。

牛顿第一定律表明，不受其他物体作用的物体，若静止则永远静止，若运动则永远做匀速直线运动，即物体具有保持它原有运动状态不变的性质，这种性质称为惯性。因此，牛顿第一定律也叫惯性定律。惯性是物体固有的性质，与是否有其他物体的作用和物体的运动状态无关。

在武术运动中，常遇到惯性问题。如在出招瞬间，人体或运动环节的速度不能立即达到最大值，而在收招后，人体运动环节也不能立即停下来。这都是惯性的缘故。

（2）牛顿第一定律在武术运动中的应用

根据牛顿第一定律，武术运动中应特别注意动作的连贯性，尽可能避免频繁停止动作然后再重新启动，以减少不必要的能量损耗。克服惯性实际上是改变物体的运动速度（包括大小和方向）。

保持动作的连贯和系统运动的速度，要依靠惯性。例如，长拳套路演练中连续的腾空飞脚接旋飞脚组合，要使动作连贯、协调、经济省力，就必须考虑到惯性在其中所起的作用。腾空飞脚经过助跑、踏跳、腾空完成，动作落地时，人体有向前、向下运动的趋势，对于下一动作旋飞脚来说，即具有向前、向下的初速度。

由惯性定律可知，保持速度比改变速度要容易、省力得多。此时，运动员应利用人体运动的惯性，继续上两步加速，接做旋飞脚。这样可以减少能量的损耗，并且还利用了腾空飞脚完成落地时的末速度使旋飞脚踏跳前的初速度更大，从而有助于更高质量地完成旋飞脚动作。反之，如果腾空飞脚完成落地后，运动员通过肌肉用力制动使身体速度为零，然后再上步加速接做旋飞脚，那么，两个动作衔接过程的能量消耗是不必要的浪费。而且旋飞脚动作从零速度开始加速，在踏跳前的初速度也较小，这样人体具有的动量就小，无形中增加了完成动作的难度，影响了动作完成的质量。

在对抗性项目，如太极推手中，运用惯性定律的时机也很多。惯性定律认为物体有保持其运动状态的特性。太极拳技击理论要求“闪开正中，定横中”，较形象地说明了技击对抗中如何应用惯性定律。

惯性定律在武术运动中的应用比较广泛，总的来说有这样几种情况。

①在套路演练中利用自身的惯性使用“巧劲”。惯性定律在套路演练中的应用主要表现在动作之间的衔接中，后一动作应利用前一动作结束时的速度，运用惯性定律继续做后一动作，前一动作结束时的末速度即是后一动作开始时的初速度。套路演练时，合理利用惯性定律，可以减少不必要的能量消耗，节约体能；同时还可以使动作连贯流畅，省力协调，收放适度。演练风格则体现为快慢相间，节奏明快。

②在对抗性项目中利用对方的惯性掌握进攻时机和方式。对抗性项目主要利用了人体有保持自身运动状态的特性。在对方进攻时，把握对方招数已发但还不能收回之机施以各种招法，或闪让使对方由于自身的惯性而失去平衡，向前跌倒；或趁对方处于运动状态、重心还未稳定的时机，在与对方运动方向一致或稍有夹角的方向上加一力，使其失去重心，从而起到事半功倍的效果。

在武术运动中合理地利用惯性，既可以省力、省能量，又可以使动作连贯、美观，增强动作效果，这是借力打力的基本原理之一。

2. 牛顿第二定律及其在武术运动中的应用

（1）牛顿第二定律的内容

当一个物体受到的合外力不为零时，物体运动的加速度与合外力成正比，与物体的质量成反比，加速度的方向与合外力的方向一致，可用以下公式表示。

$$\sum F=m\alpha$$

其中 $\sum F$ 表示作用在物体上的合外力矢量，m 表示物体的质量，α 表示物体质心运动的加速度矢量。要使物体运动状态发生改变，必须对物体施加力。牛顿第二定律揭示了物体运动与作用其上的力的关系。

（2）牛顿第二定律及其在武术运动中的应用

散手和拳击比赛规则是为使竞技能力相当，参赛运动员差别不大。往往将运动员按体重（质量）划分为不同的级别，因为人体惯性的大小与质量有关。质量大的运动员不灵活，但惯性大，稳定性好，抗击打能力强；质量小的运动员灵活性好，但稳定性差，抗击打能力差。并且，根据牛顿第二定律，在合外力一定时，质量越大的运动员产生的加速度越小，改变其运动状态越慢，即闪躲慢，出招慢，变化招法也慢；而质量小的运动员产生的加速度大，运动速度和运动状态改变得快，在对抗时出招快，变化灵活。

运用牛顿第二定律对人体进行量化研究时，只适用来研究质点的运动。武术运动中应用牛顿第二定律处理多环节连接体的动力学问题时，要用隔离法。对于人体来说，所谓隔离法就是将多环节的人体分割成多个可视为质点的环节，以便将每一环节作为质点，直接使用牛顿第二定律。

3. 牛顿第三定律及其在武术运动中的应用

（1）牛顿第三定律的内容

若物体 A 对物体 B 作用一力 F_{AB}，则物体 B 同时以力 F_{BA} 反作用于物体 A，两力的大小相等，方向相反，并在同一直线上，可用以下公式表示。

$$F_{AB}=-F_{BA}$$

F_{AB}、F_{BA} 为矢量，负号表示两力方向相反。牛顿第三定律表明了力是物体间相互作用的结果，相互作用力总是等值反向在同一直线上。

人体可以通过自身的内力主动作用于外界物体，根据牛顿第三定律，外界物体会同时给人体一个反作用力，这一反作用力即是外力。外力引起整个人体力学系统运动状态的变化。

（2）牛顿第三定律在武术运动中的应用

牛顿第三定律在武术运动中的应用很广泛。对于人体运动系统来说，只有外力才能引起人体发生整体位移。外力不会凭空产生，人体通过肌肉收缩产生内力，内力主动作用于外界物体，外界物体就会产生一个作用于人体的反作用力，这一反作用力对人体来说即是外力。由内力产生外力的过程应用的即是牛顿第三定律。以腾空跳跃为例，人体要向上或向前上跳起腾空，必然受到向上或向前上的外力。而外力需通过内力产生，这时股四头肌和小腿腓肠肌收缩，脚给地面向下或向后下的蹬力。同时，地面给脚一向上或向前上方的反作用力。反作用力作用于人体，通过人体内部的肌肉协调，作用于人体重心，使人体的总质心发生向上或向前上方的位移，人体就向上或向前上方腾起。

（二）武术与动力学之间的关系

1. 内力与外力在武术运动中的应用

对于任何生物体来说，力可分为内力与外力两大类。人体的任何运动，包括武术运动中的所有动作，都是内力与外力共同作用的结果。

（1）内力在武术运动中的应用

若将人体看作一个力学系统，那么，人体内部各部分相互作用的力就可称为人体内力。其中，肌肉收缩力是人体内力中的主动力，它保持着人体的姿势，支配着人体的运动。内力在武术运动中主要起以下作用。

①改变身体姿态。中国武术有许多腾空动作，所有的腾空动作都是在人体腾空后，身体在空中所做的各种动作完全在内力作用下完成。像旋子转体动作，人体腾空后只在垂直方向上受到重力的作用，而在起跳后的人体旋转过程中，人体可以通过转头、拧腰、转胯等一系列的肌肉用力，改变人体沿矢状轴旋转的姿势，成为沿纵轴的转动。人体腾空后肌肉内力作用比较明显，人体不腾空时肌肉内力起着同样重要的作用。

②保持控制身体的姿势或平衡。内力能够控制身体的姿势或平衡的例子较多，如单脚支撑的燕式平衡动作，人体所受的外力、重力和地面的支撑反作用力在垂直方向上保持平衡（即大小相等、方向相反），人体的抬头挺胸、抬上体、后举腿动作都是在内力的控制下完成的。此时的内力起保持身体姿势的作用，其他的平衡动作也是如此。

（2）外力在武术运动中的应用

对外界物体或人体主动收缩发力，利用牛顿第三定律获得外界物体或人体的反作用力，即外力，它包括重力、摩擦力和外界物体对人体产生的力及支撑反作用力等。物体要想运动，只有在外力的作用下才能引起整个人体力学系统运动状态的变化，外力作用于人体总重心，可使身体发生位移。武术运动中要通过肌肉主动收缩发力，作用于外界物体或人体，获得外界物体或人体的反作用力，从而改变人体整个力学系统的运动状态。

2. *力的合成与分解及其在武术运动中的应用*

力是使物体产生运动的原因。力是矢量、大小方向直接影响力的作用效果。通过不同方向的力的合成与分解，可以改变合力或分力的大小与方向，从而使力产生不同的作用效果。例如，以横打竖、顺水推舟、借力打力、四两拨千斤等，均是巧妙、合理地运用力的合成原理，通过改变力的大小、方向和作用点，以控制力的不同作用效果。

中国武术作为技击性项目，在实际运用过程中也能以小胜大、以弱胜强，尤其是太极推手表现得尤为突出。如何以小力胜大力以弱胜强？关键在于合理运用对方的力量。利用对方的力量，再加上自身的力便形成合力。推手或技击时能自如地控制合力、运用合力便能取得胜利。“四两拨千斤”之所以能以“四两”拨动“千斤”也是利用不同方向力的合成原理。

凡太极推手，双方一搭手或肢体任何部位一接触，双方各自要有一种掤劲掤住对方。这种掤劲的运用实际上就是力的分解的运用。练习太极推手时，要求劲力贯穿始终，即要求双方自始至终要有掤劲，这也是练习推手必须要掌握的一种劲力。但在实战中，掤劲的大小是有所变化的如对方两臂的掤劲过大，为保存体力和使用技法，两臂或其他部位突然掤劲减小或全无掤劲，将对方引进落空，再乘机施以各种方法，让对方受到限制。

（三）武术与转动动力学之间的关系

人体的转动，一种是人体的局部肢体在肌肉内力的作用下，牵引骨骼绕关节轴的转动，如各种形式的踢腿、反关节的擒拿等；另一种是人体整体在外力的作用下的转动，如腾空后的旋子、旋飞脚、旋子转体，还有前扫腿、后扫腿等。

从力学条件出发，人体转动的条件是，作用在人体上的外力对某一转轴的力矩的矢量和不为零。力的转动效果取决于力的大小和方向。当肌力矩大于阻力矩时，人体环节向肌肉拉力方向转动；若阻力矩大于肌力矩，人体环节向阻力方向转动。

武术运动中人体的转动主要有两种情况。

第一种，局部肢体绕关节轴的转动，条件是阻力矩（包括重力矩）与肌肉拉力矩之和不等于零。

以正踢腿为例，正踢腿动作以髋关节为支点，绕额状轴转动。腿向正前方踢的过程中主要受到两个力的作用，即重力和肌肉牵拉力。股四头肌、髂腰肌、股直肌等肌肉收缩，使腿相对于髋关节产生向上的转动力矩，此为动力矩。腿本身受重力的作用，在腿上踢的过程中，腿与支点间出现力臂，重力使腿产生向下的转动力矩。此力矩为阻力矩，大小随着腿踢到的位置的变化而变化。腿上踢的过程分为两个阶段：第一阶段是腿静止下垂到腿踢至水平这一阶段，腿所受重力臂不断增大，重力力矩也不断增大，当腿处于水平时重力矩达到最大；第二阶段腿由水平踢至最高点，这一阶段重力矩不断减小，当腿垂直时，重力矩为零。力学中把转动轴到力的作用线的最短距离（垂直距离）叫作力臂，所以在整个踢腿过程中，动力臂为轴转点到肌力作用线的垂直距离。只有肌肉牵拉产生的动力矩大于重力作用产生的阻力矩时，腿才会向上转动，即正踢。

对于多轴关节的转动应分别对每个轴进行力矩合成，应正确判断阻力和肌肉牵拉力对相应轴的力矩。如肩关节是三轴型关节，当上臂在肩关节处做屈伸动作时，其阻力和肌力对额状轴产生力矩；而当上臂绕肩关节做内收外展动作时，阻力和肌力对矢状轴产生力矩。

第二种是人体整体的转动，在腾空后人体整体绕人体基本轴转动，这时人体的转动一般有以下几种情况。

①对某一基本轴的合外力矩不为零，而对其他轴的合外力矩为零。适合这种情况的动作有旋子、前后扫腿等沿单轴转动的动作。例如，旋子旋转时，人体沿额状轴的合外力矩为零，人体在额状轴方向上不发生转动；人体沿垂直轴的合外力矩也为零，在垂直轴方向上也不发生转动；人体只在矢状轴的方向上发生转动。再如前扫腿动作，现在许多大型正规比赛一般都有指定动作，无论拳术、刀术、剑术、棍术，都有许多前扫腿动作。它属于一种进攻性腿法，要求上身正直，支撑腿全蹲作轴（即人体的垂直轴），扫转腿伸直，脚尖内扣，脚掌擦地，迅速扫转一周前扫腿动作，身体在额状轴方向和矢状轴方向的合外力矩均为零，不产生转动动作。在垂直轴方向上，由于拧腰转肩，腹外斜肌与背肌收缩用力，产生转动力矩，合外力矩不为零，因而发生转动。在武术运动中，沿某一基本轴转动的情况比较多见，大部分腾空后的转动动作都是在某一基本轴方向上合外力矩不为零时才产生的，其他两基本轴方向上合外力矩均为零，身体不转动。

②对某两个基本轴的合外力矩同时不等于零。如旋子转体动作，就是在人体腾空后先沿矢状轴转动，然后两腿并拢伸直绕身体纵轴翻转一周或两周，最后落地。在整个腾空过程中，人体绕矢状轴和垂直轴均发生了转动。此种情况在武术运动中不多见。

③对三个基本轴的合外力矩同时不等于零。这种情况又叫多轴复合转动。因人体腾空高度和落地时间限制，此种情况在武术运动中并不常见。

（四）武术与静力学之间的关系

1. 武术运动中影响人体平衡的因素

在中国传统武术运动中，人体的平衡动作主要依靠下肢来支撑平衡，即单脚或双脚着地构成支撑面来支撑人体，保持平衡的能力。影响下肢平衡的主要因素是稳定角与平衡角。

稳定角与平衡角是反映人体在某一方向上稳定程度的物理量，稳定角是指重心垂直投影线（或称重力作用线）与重心至支撑面边缘相应点连线之间的夹角。平衡角则为在某方位平面上稳定角的总和。一个动作在不同方向上的稳定性不同，平衡角越大，在这个方向上的稳定性就越高，反之则越低。

在武术运动中，经常用到的提高动作稳定性的方法有增大支撑面积和降低重心，从本质上讲便是运用了平衡角与稳定角的基本原理。实践证明，支撑面积越大，则在此方向上的平衡角和稳定角就越大，稳定性也就越好；反之，支撑面积越小，则在此方向上的平衡角和稳定角就越小，稳定性也就越差。因此，支撑面积大的，如马步、弓步等的稳定性要高于支撑面积小的动作，如独立、并立、歇步等。

2. 武术运动中人体姿势的保持

（1）肌内力与扰动力

肌内力指肌肉间相互作用的内力。肌内力主要起主动的平衡扰动力，制止正在开始的偏倾和恢复姿位的作用。

扰动力指造成人体或物体倾倒和翻转的力。扰动力可以是外力，也可以是人体肌纤维在收缩时产生的使身体倾倒的内力。因为肌肉在平衡过程中并非完全有秩序地投入工作和退出工作，人体内肌张力可以平衡扰动力，使人体保持在相对稳定的震动型平衡状态。

（2）人体对平衡的控制

运动员只有利用补偿动作、缓冲动作和恢复动作，并对平衡力和恢复力（肌内力）进行控制才能做到保持身体的平衡。

①补偿动作对平衡的控制。补偿动作主要用于有扰动动作作用时和本身进行原地动作时预防身体重心越出姿位保持区界限。补偿动作能中和扰动力对身体重心的作用，如前拍脚动作——右手拍左脚，当左腿上踢时右手向前下拍左脚，右手的向下拍脚动作对左脚的上踢动作就是补偿动作，它可以抵消因左腿上踢而产生的使人体向后倾倒的趋势。

②缓冲动作对平衡的控制。缓冲动作有减小扰动力的作用效果。缓冲动作跟补偿动作一样，是同扰动力作用同时进行的。

③恢复动作对平衡的控制。恢复动作的作用是使身体重心以姿位恢复区恢复到姿位保持区内，有两种实现方式：一是在外力的作用下附加支撑，将身体重心移入平衡保持区内；二是移动支撑点，即规则中所说的跳动晃动、移动，使支撑点移至身体重心的下方。

恢复动作往往不仅消除偏离平衡姿位，而且还会引起反向偏离（校正过度）。

（五）武术与运动学之间的关系

1. 反应速度在武术运动中的应用

反应速度是指人脑对各种刺激发生反应的快慢。在中国传统武术对练和对抗性项目中，反应速度显得尤为重要。从进攻与防守两方面来讲，反应速度都很重要。俗话说：“拳打人不知”，就是从我方讲，在大脑做出决定后，身体迅速行动，在对方措手不及防之机，攻其不备，克敌制胜。当对方发现你的意图，采取防备，为时已晚。从防守角度讲，也是一样。

2. 动作速度在武术运动中的应用

武术运动中每个动作都要求轻灵敏捷、干净利落。拳谚云“拳如流星，眼似电”“进如疾风吹人，电光猛闪，愈速愈好”“彼挨我何处，我意即到何处，气也随着而出，如斯响应，疾如电掣”等充分说明动作速度在武术运动中的应用。单个动作速度在武术散打、对练等对抗性项目中表现较明显。《太极拳论》中云：“彼不动，我不动；彼微动，我先动。”说的就是在太极推手中单个动作速度的快慢体现，在对方出招后我才开始动作，但在对方招数发出之前已完成动作。在对抗性项目中，一旦看准时机便要立即出动，并且动作速度决定了这次进攻的成功与否，否则，如果动作迟缓，让对方有时间反应，机会再好也会失去，即所谓的“间不容息”“稍纵即逝”。

3. 动作频率在武术运动中的应用

动作频率是指单位时间内完成单个动作的数量。武术讲快，不仅指单个动作的快，也包括系列连贯动作的快。不论是在技击实战上还是在套路演练中，都是由一连串的复杂的招式组合而成的，所以只有做到各组合动作的快速衔接，使之环环相扣、一气呵成，才能发挥出最佳效果。

第二节　传统武术与竞赛管理学科

一、传统武术竞赛

（一）武术竞赛的概念

围绕武术运动开展的各种运动竞赛，就是武术竞赛。武术竞赛包括的内容主要有两个方面，即武术套路竞赛和武术对抗比赛。

对于中华武术来说，其本身具有显著的娱乐性、竞技性和观赏性等特点，而这些特点主要从武术竞赛上得到较为集中的体现，可以说，武术竞赛是各个流派和拳种展现自己独特魅力的竞技场，同时也是我国传统武术发展进程中重要的传承方式，要对此加以重视。

（二）传统武术竞赛的现状分析

作为中华民族传统文化中瑰丽的一部分，武术也是中华民族千年来与自然斗争和社会变迁的结晶。随着中国社会的发展而发展，中华武术也得到了一定的发展和进步。但是，这也不能忽视传统武术发展现状并不乐观的事实。

随着体育竞技的不断发展，人们对新型体育项目的关注程度越来越高，但作为传统项目的武术则往往被忽视掉。相较于其他主流体育项目来说，传统武术竞赛没有强有力的媒体宣传和支持，其影响力仅仅局限在业内人士，但是由于竞赛消息的传播并不顺畅，一些武术人才甚至对一些武术的相关比赛并不了解。传统武术竞赛得不到媒体的支持，群众基础较为欠缺，这就导致其在追求利益的社会中很难引来赞助商的青睐，在缺乏经济支持的情况下，传统武术竞赛发展的难度进一步加大了。在这样的环境下，传统武术要想发展成为一个能够不断自我更新的独立产业，仅仅依靠国家现有的支持，是很难实现的。

要想将中华武术这一优秀的传统文化保护好，就必须采取一定的措施，为中华武术保留适当的空间，等待发展机遇。竞赛这一平台是中华武术在市场经济环境下的延伸，从理论上讲，竞赛不仅与中华武术发展的需要相符，也能使大众审美得到较好的满足，同时，还能够取得经济效益，这就对武术的发展起到积极的促进作用，进而形成健康的自我发展模式。但是需要强调的是，武术竞赛的体制并不成熟。中国传统武术具有其他体育项目所没有的复杂性，相较于其他体育项目来说，竞技武术不仅仅包含某一固定的运动方式，它是众多武术套路的集合，因此，武术竞赛不能照搬普遍意义上的体育比赛模式，因为这与武术自身的特征是不相符的。

发展至今，武术已经形成了一定的规模，但这并不是一蹴而就，是在前人经验的基础上淬炼而成的，前人流传下来的诸多套路和拳种都是不可复制的宝贵遗产，需要保护和传承。

二、竞赛管理的知识

（一）传统武术竞赛的管理

竞赛管理是指在举行比赛项目时，最大限度地执行每个国际单项联合会制订的规则和规章，目的在于让世界上最优秀的运动员发挥出他们最好的成绩。组委会可以建立专门从事竞赛管理的部门。

（二）武术竞赛运作管理的含义

武术竞赛运作管理是指通过一定的组织运用财力、物力、人力、信息等资源，通过计划、组织和控制，向社会提供武术竞赛的全过程，其实质也是由输入到输出的转换过程。

将武术竞赛运作管理视为由输入到输出的转换过程，实质上反映了在我国社会主义市场经济条件下，武术竞赛对效率和效果的追求。尽管武术竞赛并非都属于商业性赛事，有许多是公益性赛事，但同样需要提高赛事运作的效率，更好地发挥赛事的经济或者社会效益，这既符合市经济对资源合理高效配置的要求，也适应了当今世界珍惜资源、创造节约型社会的趋势。

武术竞赛运作管理的效率是指赛事资源输入和输出的关系。对于给定的资源投入，如果赛事运作管理者能获得更多的输出，就意味着提高了效率。同样，如果以较少的资源投入，赛事运作管理者能够获得同样的输出，也就提高了效率。能够投入武术竞赛运作的资源（资金、场馆、设备、人力、技术等）总是有限的，所以赛事运作管理者必须时刻关心这些资源能否得到有效利用。因此，武术竞赛运作强调效率。

武术竞赛运作强调的另一方面是效果，即运作必须达到赛事的预定目标。当赛事运作管理者实现了赛事的目标时，则称他们的运作是有效果的。

效率和效果在武术竞赛运作过程中互相联系。武术竞赛运作的理想状态是高效率与高效果，这也是赛事运作所追求的目标。然而在给定的设计、流程、技术条件，即效率水平一定的条件下，效率和效果之间经常是互为消长的关系，即提高效率通常会降低效果，增强效果则会使效率下降。例如，大型赛事运作管理者为了提高观众入场的速度，可以设置更多的安全检测装置和配备更多的安保人员，但这意味着成本必然大幅度地上升。

（三）体育竞赛竞赛管理的主体

《现代汉语词典》（第 7 版）对“主体”一词的解释有 3 种：一是事物的主要部分；二是哲学上指有认识和实践能力的人；三是法律上指依法享有权利并承担义务的自然人、法人或国家。在《行政法》中，出现了“行政主体”这一概念：行政主体是指享有国家行政权，能以自己名义行使行政权，并能独立地承担因此而产生的相应法律责任的组织。关于“管理主体”一词，尽管没有明确的名词界定，但根据以上解释，可以认为是具有管理的权利并能承担与管理相应的义务和责任、具备独立的法人资格或享有独立法人地位的组织。

新中国成立后，我国对竞技体育的管理，无论在计划经济时代还是在市场经济体制下，政府直接行使着对竞技体育的主导性、宏观性（计划经济体制下还包括中观乃至微观管理）和决定性的管理职能，成为中国竞技体育的管理主体。即便在竞技体育向着社会化、商业化和职业化方向发展的今天，由中国社会制度、经济基础和体育体制等因素所决定，政府主管部门仍然是中国竞技体育的管理主体，行使着竞技体育发展规划的制订与实施、大型体育设施的投资与兴建、各类综合性和单项性体育竞赛的计划与组织、竞技体育对外交流与学习、竞技体育队伍的建设与发展、各种竞技体育法规制度的制订与监督等管理职能。然而，随着我国体育体制改革与市场化的不断深化，出现了企业、行业、院校乃至个体私营经济等投资兴办和管理竞技体育队伍的社会广泛参与竞技体育的现象，它们的经费划拨、人员选派乃至管辖权等并不隶属于各级体育行政部门。显然，将体育行政部门列为这些运动队伍的管理主体是不合适的。因此，研究高水平竞技体育队伍的管理主体，必须从中国高水平竞技体育队伍类型不一、形式复杂的实际出发，按照资金来源、人员选派、管辖权归属以及是否具备独立资格等要素进行界定。

（四）武术赛事竞赛管理的主要工作

关于中华武术竞赛的管理，主要包括以下几个方面的内容。

1. 将科学合理的赛事计划制订出来

（1）通过相关的调查来做好赛事的预测工作

通过深入的调查与分析，能够对武术赛事的内外环境产生一定的影响，通过对赛事计划的理解，以自身人、财、物、力状况为依据来准确预测工作。

（2）对赛事赋予一定的计划性

对赛事进行计划是武术运动竞赛组织的一个重要任务，通过计划赛事，要能够使组织在产生、安排和组织实施竞赛时，稳妥有序，从而使在比赛的性质、时间和经费等方面发生冲突的情况得到有效避免。

2. 对赛事过程加以有效控制

对于武术赛事的顺利进行来说，做好赛事控制是非常重要的，具体来说，就是加强比赛过程的控制，将比赛中发生的各种问题处理好。将武术赛事的过程控制好，能够使赛事管理的效率得到有效提高，从而使赛事的顺利进行得到有力的保证。通常情况下，在武术赛事管理中用到的控制赛事的方法有很多，其中，常用的赛事控制的方法有计划控制、目标控制、预算控制以及定额控制四种。具体要根据实际情况和需要进行有针对性的选用。

3. 赛事收尾与评价工作

（1）赛事收尾工作

在武术赛事结束后，赛事相关部门要做好赛事的收尾工作，具体来说，收尾工作包括的内容主要有以下几个方面。

①竞赛财务决算，平衡账目。

②场馆内的拆卸和清理工作。

③借调的有关人员返回原单位

④器材、设备的归还、转让、出售和处理。

⑤有关赛事运营管理部门的财务结算。

⑥对帮助赛事运营管理的有关部门、人员表示感谢。

⑦办理各队离赛的各种手续，确保安全、及时离赛。

⑧汇编、寄发比赛成绩册和其他技术资料。

⑨填报等级习武者和破纪录成绩。

⑩移交、整理有关文档资料。

⑪比赛成绩编制和印发。

⑫向新闻单位发布运动竞赛的有关情况。

⑬竞赛工作总结，上报当地党政机关和上级体育部门。

（2）赛事评价工作

对赛事进行评价这一工作所包含的内容主要有：对赛事的组织与管理赛事效果进行评价，为赛事参与者提供反馈，为下次武术赛事的举办提供基本轮廓和重要的统计参考等几个方面。

三、武术与竞赛管理学科的联系

（一）武术竞赛的系统设计

1. 系统运行环境

（1）系统运行环境的管理

系统的正常运行需要一个良好的运行环境，这要靠机房管理人员负责维护。机房管理人员要负责控制机房的卫生、环境温度与湿度以及电源的稳定性、防火的设备与措施的检查、系统的杀毒工作等。除此之外，还要由运行管理人员负责记录每天系统运行的情况、数据输入与输出情况以及负责系统的安全性与完备性，以保证系统正常运行。运行管理工作应由运行部门的值班员来完成。

（2）系统信息资源的管理

系统信息资源一般包括软件配置和维护文档。

①软件配置的管理。软件配置是一个系统软件在生存周期内的各种形式、各种版本的文档与程序的总称。对软件配置进行科学的管理，是保证软件质量的重要手段。配置管理贯穿于整个生存周期，在运行和维护时期，其任务更为繁重。为了方便对多种产品和多种版本进行跟踪和控制，常常借助于自动的配置管理工具。一般有两类常用工具。

第一类常用的工具是软件配置管理数据库。它存储关于软件结构的信息，产品的当前版本号及其状态，以及关于每次改版和维护的简单历史。数据库能够回答管理人员的种种问题。例如，每个产品有哪些版本？版本间有什么差别？各种版本都有哪些文档？以及有关产品维护历史、纠正错误的数量等询问。

第二类工具称为版本信息控制库。它可以是上述数据库的一个组成部分，也可以单独存在。它与数据库的差别是：数据库是对所有软件产品进行宏观管理的工具，而信息控制库则着眼于单个产品，以文件的形式记录每一产品每种版本的源代码、目的代码数据文件及其支持文档。每一文件均记有版本号、启用日期和程序员姓名等标识信息。管理人员根据需要，可以对任何文件进行建立、检索、编辑、编译（或汇编）等操作。

②维护文档的管理。除了开发时期的软件文档外，有几种文档是专供运行和维护时期使用的，如维护申请单、软件修改报告维护记录，就是其中的代表文档。还有一个常用的文档——维护申请摘要报告和维护趋势图。维护申请摘要报告是一种定期报告，可以每周或每月统计一次，其内容包括上次报告以来已经处理的、正在处理的和新接到的维护申请项数及其处理情况，以及新申请中特别紧迫的问题。维护趋势图则是在维护申请摘要报告的基础上绘制而成，是一种不定期的报告。

2. 软件编译环境

武术竞赛系统软件主要是使用 Microsoft 公司出品的 Visual Basic 6.0 和 Access 制作，是在 Visual basic 环境下，利用事件驱动的编程机制，新颖易用的可视化设计工具，使用 Windows 内部应用程序接口函数，以及动态链接库，动态数据交换，对象的链接与嵌入，开放式数据库连接等技术，开发出来的 Windows 环境下的应用软件系统，基本上适用于各类型武术套路比赛，参赛人数可达 1000 人，分组设定为 A、B 两组，场地数可任意编排，每场次评分裁判的数量根据现行规则要求为 6 ~ 10 人。

（二）武术竞赛系统的操作

1. 系统设置

系统设置包括操作密码设置、数据初始化、运动员分组年龄设定、比赛基本设置（确定比赛共分多少个场地进行，该台计算机在第几号场地使用）、比赛裁判数量设定、比赛日期确定等 6 项。

2. 数据录入

数据录入主要包括录入各参赛队、运动员和裁判员的情况。各队情况包括每个代表队的队名、教练员的姓名、领队姓名、随队医生姓名等基本资料。参赛运动员的情况主要包括姓名、性别、出生年月日、年龄、籍贯、身份证以及其他有效证件号码、所代表的参赛队队名以及该运动员所报名参赛项目，还有在本次比赛中为该运动员所编制的运动员卡的卡号、本人照片等基本资料。裁判员的资料主要包括姓名、性别、年龄籍贯、身份证号码、裁判员等级、照片等。

3. 比赛准备工作

比赛准备工作首先要设定"开始抽签"的密码，防止人为修改抽签结果。在抽签密码设定中设定好密码后，点击"开始抽签"，电脑就会自动对参赛运动员进行比赛出场顺序的编排，以及对参加对练项目的运动员进行配对。其次要设定编排比赛的场次。场次编排可由电脑自动进行或根据比赛需要进行手动编排。最后还要查看比赛编排结果，预览运动员的出场顺序以及配对等情况。

4. 进行比赛

进行比赛是在比赛的进行过程中进行操作的。可以将裁判员对于运动员在比赛过程中所给的分数进行记录。在当前运动员进行比赛时，电脑将提前显示下一名上场运动员的相关资料，以便工作人员通知。当运动员上场比赛时，进行比赛界面中会显示出当前运动员的照片，以便工作人员进行核对，防止冒名顶替、漏人等情况的发生，起到了很强的监督作用。同时，进行比赛界面中还可以随时查询之前比赛完毕的运动员的成绩，方便工作人员的查阅。

当比赛已经开始，轮到上场的运动员上场，如果该运动员因为种种原因未能参加某项比赛时，工作人员就可以在"比赛弃权"中输入弃权运动员的卡号，再确定，就可以将该名弃权运动的该项所有相关资料从数据库中清除。比赛完毕之后，需要对运动员的比赛成绩进行统计，"打印单项比赛成绩表""打印单项比赛名次表""打印团体比赛名次表"能够在几分钟内打印出成绩单，工作人员就可以将之装订成成绩册。

5. 资料查询

资料查询主要对运动员、裁判员以及比赛的详细情况进行查询。只需要输入相应的卡号、姓名以及比赛场次即可。在"系统维护"中可以对运动员、裁判员、参加比赛的代表队等比赛的相关资料进行保存、清除等数据维护。

四、中国武术职业联赛的发展成就

2008年底，中国武术职业联赛正式成立，经过几个赛季后，武术职业联赛的发展水平不断提高，逐步趋于完善，虽然过程坎坷起伏，但成就也很突出。

中国武术职业联赛真正做到了俱乐部产权分明、自主经营，如果没有特别的原因，政府不会过多干预俱乐部，市场完全掌控俱乐部的运营与发展。运动员真正意义上归俱乐部所有，运动员通过自己的努力使俱乐部最大化地获得高利益，从而增加自己的个人收入。体育主管部门没有过分约束俱乐部，生产比赛产品，追求利益的最大化是俱乐部的主要任务。中国武术职业俱乐部不管是选拔与培养运动员，还是进行产品生产与交易，都是在市场主导下进行的，实现了自主经营。因此说，中国武术职业联赛是与行政完全独立的市场化产物，俱乐部成员是俱乐部的"私有物"。可以说，中国武术职业联赛是我国第一个拥有自主知识产权的职业联赛。中国武术职业联赛独立创造了自己的品牌，追求品牌国际化，而且形成了符合我国武术发展特征的产业链，并向更广阔的产业空间拓展。可见中国武术职业联赛已经发挥了自己以点带面的积极效应。中国武术职业联赛的举办也促进了中国武术技法与文化的传承与发展，将中国武术博大精深的文化内涵充分展现了出来，使世界各国对中国武术有了新的认识。

第三节　传统武术与现代技术学科

一、现代技术的概念

《辞海》对技术的定义是："泛指根据生产实践经验和自然科学原理而发展成的各种工艺操作方法与技能。如电工技术、焊接技术、木工技术、激光技术、作物栽培技术、育种技术等。除操作技术外，广义的还包括生产工具或作业程序、方法。"《简明大不列颠百科全书》在技术观这一条目中对技术的说明是："'技术'一词出自希腊文 lechne'工艺、技能'与 logos'词、讲话'的组合。"意思是对造型艺术和应用技术进行论述。当它 17 世纪在英国首次出现时，仅指各种应用技艺。到 20 世纪初，技术的含义逐渐扩大，它涉及工具、机器及其使用过程。到 20 世纪后半期，技术被定义为"人类改变或控制客观环境的手段或活动"。人类在制造工具的过程中产生了技术，而现代技术的最大特点是它与科学相结合。

《辞海》对技术的定义包括狭义和广义两种，无论狭义或广义的技术，都与生产实践经验和自然科学原理相联系。因此《辞海》的技术不仅包括现代技术，还包括传统技术。与生产实践经验相联系，在生产实践经验基础上形成的技术只能称为传统技术，尽管实践是一切技术形成的最终源泉，但在生产实践经验还未上升到科学理论这一层次之前，不能称为现代技术，如传统的牙雕技术、农作物栽培技术、古画修补技术等。传统技术在现代经济社会生活中仍然发挥着重大作用，它也有可能发展成为现代技术，但毕竟同现代技术有着重大区别。《简明大不列颠百科全书》的技术观条目中，正确地指出了现代技术的最大特点是它与科学相联系，但又将技术定义为"人类改变或控制客观环境的手段或活动"，显然这一定义将技术泛化了。因为人类改变或控制客观环境的手段与活动，除了技术外，还有制度、组织、法律等多种形式。而制度组织、法律等形式的理论基础主要是哲学社会科学，它在不同的国家具有不同的表现形式和特殊性。

现代技术是建立在现代自然、科学基础之上的，具有普适性的人类改变或控制客观环境或人自身状况的专门手段或能力。现代技术开发是这种专门手段或能力在更深、更广的经济、社会等领域中的应用，并取得相应的成果。现代技术创新是这种专门手段与能力在部分质变或整体质变基础上的提高与发展。如果现代技术所形成的具有普适性的人类改变或控制客观环境的专门手段与能力只有量上的扩张而无质的变化，那只能看成是现代技术开发而非现代技术创新。现代技术开发与创新是建立在现代自然科学基础之上的，具有内在紧密联系的两个概念。没有现代技术开发，现代技术创新的价值和目的就不能实现。没有现代技术创新，现代技术开发就会停滞在原有的广度和深度而不能继续发展。因此，它们又是现代技术发展规律中不可或缺的两个具有内在联系的链环。正如普及和提高是两个既相互联系又相互区别的概念，人们在使用时常将它们作为组合词语使用。现代技术开发与创新也是这样的一组组合词语。

二、现代技术的特征

（一）技术形态的科学化

首先，现代科学构成了现代技术的知识基础。传统技术主要依赖于感觉运动的技能、技术准则和描述性定律的指导，而现代技术除了这些之外还要依赖于技术规律和技术理论，技术规律与技术理论来源于现代科学，这正是传统技术和现代技术在知识基础上的显著区别。现代技术产生和发展的内在机制是：首先提出技术的经验法则的科学依据，然后把这些科学原理转化为有效的技术规律和技术理论。这一转化过程表现为：以基础科学发展的自然规律为指导，经过技术科学探索得到某种类别的技术规律和技术理论，进一步在工程科学指导下，创造出全新的、特定的技术实体。现代自然科学体系的形成和发展为现代技术的形成和发展奠定了理论基础。

其次，现代科学与现代技术形成了互相渗透、互相补充和互相同化的局面。现代技术的发展在很大程度上以科学发展为前提，科学走在了技术的前面，成为起先导作用的力量。科学制约着技术发展的内容、水平和方向。而与此同时，现代技术的发展为科学研究提出课题，提供仪器和装备科学的发展也依赖于技术的进步。所以，现代科学与技术形成了不断强化的同步化发展趋势。

（二）技术活动的社会化

现代技术是一种社会化的活动，主要表现在技术活动的高度组织化协作化和体制化，技术活动对社会支撑系统依赖性的强化以及技术活动的社会控制等方面。传统技术比较简单，技术活动主要是工匠们的个体活动，从提出设想到技术实现，往往是个人的独立行为。到了工场手工业时代，生产活动有了初步的分工和协作，技术活动有了初步的专业化分工。现代技术由于它的系统性、整体化以及综合性，功能的多样化以及作用的普遍化，技术活动的主体集团化了，技术活动的结构协作化、社会化了。现代技术的开发活动就是一种由众多的科学家和工程师们参与的、有严谨的分工与协作的组织化、体制化的社会活动。

同时，现代技术必然要依靠社会需要的驱动和社会条件的支撑。技术活动要以满足各种社会需要为出发点和归宿，还要以社会支撑结构为依托。技术作为人类的社会需要和行为，是按照人的目的，经过人的劳动而改变了形式的人工自然物，是自然物质存在的社会形式，因而具有社会性任何技术都具有目的性，而其目的性的实现又必须受到社会、政治、经济、军事、文化、宗教、民族传统、心理因素等各种社会条件的制约。社会条件对技术的制约表现为它对技术发展的方向、路线、进程、速度和规模起影响和决定作用，这表明技术具有社会属性。技术发展的历史表明，技术最早是在物质生产劳动中产生的，以后随着科学的发展和社会的进步，技术超出了生产领域的范围，进入到人类社会的各个方面，对人类的生活方式和思维方式以及社会架构产生了巨大影响。

三、现代技术在武术教学中的应用

（一）现代教育技术在武术教学中的应用

1. 现代教育技术在武术理论教学中的应用

一般来说，武术理论课的教学对学生而言比较枯燥乏味，学生主动学习的积极性不高，教学效果很不理想。教育心理学指出：教育内容和方法的新颖性、多样性、趣味性是激发学生主动学习动机的重要条件。所以，教师应当在进行武术理论教学时可以通过现代技术软件来制作多媒体教学课件，可以将教师所要讲述的内容通过多媒体技术或配以生动形象的图片、动画，将教师的教学思想准确地表达出来。这样，一方面通过形象、直观、生动、图文并茂、色彩艳丽的图像说明，调动学生的多种感官同时受到刺激，可以吸引学生的注意力，调动他们学习的兴趣提高教效果；另一方面，制作含有人机交互功能的多媒体课件还可以方便学生进行自学或复习，同时也可以加深学生对知识的理解。

2. 现代教育技术在武术技术教学中的应用

中国传统武术运动特点决定了中国武术教学的特殊性。在高校武术教学过程中，强调直观演示和领做为主。在当今广大学校，随着各大高校的扩招，就读人数逐年增加，与以往一个班相比，现在班级的人数明显增加，而且又大都在操场上上课，干扰因素较多，这对教师的示范以及演提出了更高的要求。教师在一个点的示范与讲解，学生不一定都能看明白、听清楚，教师往往要在许多个点来回做示范进行讲解，往往教一个动作要花费很多的时间，教学效率很不理想。而且在武术教学中又往往因性别、年龄、体力等原因，做不好示范动作，更有一些难度动作，不仅结构复杂且需在瞬间完成，如腾空飞脚、旋风腿、腾空摆莲等动作。

目前，教师在讲解技术动作时很难在示范中讲解清楚，而一些学生在教师示范后又很不明白技术要领。如果运用现代教育技术来制作相应的教学课件，一方面可以解决示范位置的选择题，可以节省大量的示范与讲解的时间，这样也可以使教师有较充分的时间来对学生进行纠错等工作，可以提高教学效率；另一方面，当进行一些示范不能充分显示动作结构、过程、关键与细节的难度动作的教学时，可以通过镜头的调度，采用远景、全景、近景、特写或利用镜头的推、拉、摇、移、跟等方法，有效地从各个角度来表现动作的方位、距离、相对位置、运动轨迹等空间特征，也可通过高速摄像技术，将瞬间动作缓缓地表现出来，以打破时间和空间的局限。

3. 现代教育技术在武术教学质量上的应用

现代教育技术在武术教学过程的应用，改变了以教师为中心的传统教育模式，将教师与学生的主观能动性充分调动起来。现代教育技术的应用，使教师从单纯讲授知识转变为教材设计，学生则从单纯地向教师那里被动接受知识变成自我主动学习、自我发展。

在中国传统武术教学中，学生对运动技术的掌握要经过泛化、分化、巩固直至动作的自动化阶段。学生学习新动作都是从模仿技术动作而开始的，在这个阶段，学生对动作的时间和空间感往往是泛化的，自己究竟是怎样做的连他自己都不太了解，本体感觉较差，动作错误较多，在这个阶段，学生听到最多的往往是教师根据自己的经验以及对这个动作的了解，再根据学生的现实情况而提出的种种改进措施。

从学生角度来看，他根本不知道自己在完成动作时错误在哪里，因为他们根本就没有看到过自己所完成的动作。当运用现代教育技术先把学生练习的全过程通过高速摄像技术拍摄下来，然后再运用计算机多媒体技术，把他完成动作的情况进行演示，并和别人正确的动作进行对比分析，学生就会豁然开朗，明白自己在完成动作过程中，错在什么地方，这样有助于学生加快纠正错误动作，形成正确的动作定型。

（二）现代信息技术在武术教学中的作用

1. 现代信息技术能使武术教学资源得到共享

传统武术教学由于受时代条件的限制，无论是在教学资源还是在教学种类上都受到了限制，不可能像现在这样充分享受全球良好的武术教学资源。在信息网络时代下，人们可以在任何时间、任何地点，接受来自世界各地的现代的体育理念的洗礼。一台联网电脑就可以在最短的时间内获得世界上最新的武术科研成果和最先进的武术教学方法。可以说，网络技术在武术教学当中的应用使人们开阔了眼界，同时也加速了全球武术教学资源的全面流通。

2. 现代信息技术能提高学生的习武兴趣

瑞士心理学家皮亚杰说过：“一切有成效的工作必须以兴趣为先决条件。”一般来说，技术理论课的教学对学生而言比较枯燥乏味，因为整堂课都以教师为中心或主体，学生处于一种被动的局面，学生的主体性得不到加强，学生的学习兴趣得不到激发，教学效果不太理想。

如果应用现代技术进行讲解，那么，学生在理解技术动作方面将变得简单，例如，在进行武术裁判法的教学时，教师可以一边讲解竞赛规则扣分的原则，一边插入在比赛过程中典型的错误动作，两者相结合便可以使学生加深对规则知识及扣分原则的掌握，学生在课后进行复习时，可以任意地选择自己还没有完全掌握的知识点进行必要的复习，而且也有利于学生在课后进行必要的预习，缩短教学周期，提高教学质量。

第四章　传统武术教学课程体系的建设与发展

高等教育阶段是学生树立世界观、人生观和价值观的重要时期。因此，在高校武术教学中有效地开展教学任务，对我国高校武术教学是有益的。此外，武术也是当代人们实现健身目标的重要运动项目之一。这也是人们终身体育的重要手段。武术具有非常丰富的身体语言和丰富的文化内涵。这对我国大学生的身心健康具有重要意义。本章主要对传统武术教学的现状进行了分析，并对传统武术教学体系的理论与发展传统武术课程设置理论与发展进行了探索。

第一节　传统武术教学的现状分析

一、传统武术教学的现代发展

新中国成立后，武术作为学校体育教学内容之一，受到了国家相关教育部门的重视。特别是在20世纪80年代后，国家领导人曾多次要求把武术列入大学的体育课，学校体育课要把现代体育的教学和民族体育的教学联系起来，应把武术列为达标考核项目。1992年的第二次全国武术工作会议提出要编写大学的武术教材，使三分之一的高等院校在校生学会一套武术套路。这些措施对于武术在学校的开展起到了较大的促进作用。高等院校由于师资、器材、设备等条件较好，教学中能够顺利地贯彻落实教学大纲所规定的武术内容，武术教育取得了理想的教学效果。许多高校还成立了武术协会，开展了形式多样的武术比赛。

体育院校和普通高校的体育系，更是把武术列为必修课程，同时还纷纷开设了武术专项选修课。武术教材建设也逐渐开展起来。根据形势发展的需要，教育部在制定和完善体育教育专业本科课程指导纲要时，将原来的11门主干课程变为9门主干课程，后来又变为6类主干课程。武术（类）课程始终是其中的主干课程之一。

1992年在武汉举行的大学生运动会首次将武术列为正式比赛项目，使学校武术教育从单一的课程教学，向多形式、多渠道、多层次发展。体育院校自1989年开始，单独设立了武术专业，以教育学、人体科学、武术为主干学科，把武术理论基础、中国武术史、内功养生学、体育手段与方法等列为主干课程，并招收了本科生，授予学士学位。自1979年起，各体育院系恢复招收武术硕士研究生，硕士学位的设置使武术成为培养高层次专门人才的学科，这对武术的发展具有重要的历史意义。

尽管武术在高校的开展取得了一定的成效，但武术在学校的普及和推广还有很长的路要走，高校武术教育仍面临着一定的问题，如西方体育居于主导地位，选修武术课程的学生少，此外还有一些武术自身的原因。

学校武术教育培养目标无法与社会要求顺利接轨，随意盲目地设置武术课程也是制约学校武术教育发展的一个主要原因。近年来，“因人设武术课”和“因无人而不设武术课”的现象在众多高校中普遍存在，一般都是学校有什么项目的教师，就开展哪个项目的课程，而对课程与培养目标的联系、对课程之间的联系没有做过多考虑。设置课程时，没有考虑培养目标的需要，更没有将设置课程的问题上升到一门学问去看待，大都是自主随意的，十分盲目。虽然我国很早就已经在学校教育改革中纳入了武术项目，而且又在不同时期编写武术教学大纲、编写教材，但是武术教育在学校教育层面还未真正普及。

当前，在我国学校教育中出现了师生情感疏离、交流消极、交往功利等问题，这会导致师生之间产生信任危机，在这种情况下，实施武术教育很难取得好的效果。

二、传统武术的教学观念

我国高校传统武术教学开展已经有一段时间，传统武术作为我国优秀传统文化的重要组成部分，在教学过程中对新时期的高校体育教学观念方面的契合程度还不高，许多高校教师没有领会传统武术教学促进学生身心健康可持续发展和传承传统武术文化的教学本质。

在传统武术教学过程中，一些教师对教学目标和方向的把控不科学，具体表现在以下两个方面。

①认为传统武术教学属于体育类的专业课程，以专业的传统武术标准来要求学生，教学内容和强度不符合学生特点，使学生的自信心受到严重打击，极大阻碍了传统武术运动在高校的科学发展。

②认为传统武术教学属于娱乐类体育活动课程，过于强调武术活动的娱乐性，没有充分发挥传统武术的健身功能，降低了传统武术的技击性、德育价值。

三、影响学生学习传统武术的主要因素

具体来说，影响学生学习传统武术的因素主要包括以下几点。

①武术课程开设不足。其实大部分的学生都非常喜欢武术运动，但是由于高校所开设的武术项目少之又少，因此在高校的体育课程上要适量增加一些武术课程的比例，以此来

满足学生的需求。

②软硬件设施不足。场地以及器材的缺乏已经成为严重影响大学生参与到运动过程中的主要因素，针对这种现象，高校的领导应该将武术运动看作是体育教学必不缺少的一项内容，所以学校应当投入大量的人力、物力、财力，为传统武术教学配备一些武术器材以及建设相应的场馆，以此来不断完善武术的相关设施。

同时，高校还应当引进一些专业的武术教师，提高他们的待遇，并形成课外辅导学生进行体育活动的制度。

③对传统武术的宣传不足。在高校体育教育中，由于西方体育居于主导地位，学生很少能够接触到关于传统武术的宣传和信息，导致学生缺乏对传统武术的了解。对此可以开设一些有关于民族传统体育理论的相关专题讲座，从而使学生能够对我国的传统文化有更深的了解。

第二节　传统武术教学体系理论与发展探索

一、传统武术的教学规律

（一）技能形成规律

学习技术动作，首先是获得运动感觉，其次是心理活动的产生，最后表达到肌肉，并形成一种反射效应。大脑皮层动觉细胞可以和皮质所有其他中枢建立暂时性神经联系，包括内、外刺激引起皮质细胞兴奋的代表区在内。运动的生理机理是以大脑皮质活动为基础的暂时性神经联系。因此，人体掌握运动技能的生理本质，就是人体建立运动条件反射的过程。

从生理学和运动学角度来分析传统武术技能的学习和掌握的过程，一般将这个过程分为三个阶段。

第一阶段为粗略掌握阶段，要求学生加深相应的传统武术技术动作概念的理解。

第二阶段为改进提高阶段，要求大学生在武术技能学练过程中逐渐完善和改进各种动作，建立正确的肌肉动力定型。

第三阶段为巩固运用阶段，主要是通过各动作之间的灵活衔接，实现动作的运用自如，实现传统武术技术动作的自动化。

了解运动技能形成的客观规律，有助于在武术教学中掌握学生的武术技能学习的阶段性。

（二）学习认知原理

认知心理学为高校大学生传统武术技术的学习和形成提供了理论支持和指导。认知心理学中的“痕迹学说”认为个体运动技能的学习与掌握是通过“记忆”和“知觉”两种痕迹的作用的结果；认知心理学中的“反馈学说”认为个体运动技能的形成过程既是动作的反复操作，又是经验的反馈，并强调理论的反馈。

学习的过程就是通过视觉、动觉等的共同作用，建立初步的动作表象，运动表象分为内部表象与外部表象。前者是指以内部直觉为基础，以内心体验的方式感受运动操作活动，实质是动觉表象；后者是指可从其他人的角度看到其表象的内容，实质是视觉表象，并没有感受到身体内部的变化。通过大脑对所获得信息的加工记忆，再经过思维过程，使学生正确认识动作并准确完成各种复杂的技术动作，并形成不同风格的武术技术动作。

（三）运动负荷规律

运动负荷主要受两个要素的影响，即运动量和运动强度。运动量即数量、次数、时间、距离、重量等。运动强度指速度、练习密度、间隔时间、重复距离等。传统武术教学的最基本的目的是提高学生的身体素质水平、运动水平，这一目的主要是通过学生在武术基本功和基本技术动作的训练过程中不断承受和适应训练负荷来实现的，通过机体的不断适应来提高机体的运动能力和对外界（运动负荷）的适应能力。这就是训练负荷原理。

在传统武术教学中，教师在教学过程中对学生所承受的运动负荷的确定受多方面因素的影响，包括运动形式、学生身体素质等，学生应该根据实际情况制订运动负荷量。

（四）武术技法技理学习

①在传统武术教学过程中，应该建立正确的动作概念，为基本技术、技巧的学习打好基础。

②在传统武术教学过程中，应分清主次，抓住重点，全面发展。整体教学内容要确定重点，将主要教学时间放在重点技术动作的学习和练习上，对重点技术动作要明确具体的技术要领和应达到的标准，以重点带一般，最终实现全面发展。

③尊重和研究教学规律，做到举一反三。对传统武术的手法、步法、眼神、劲力、节奏、身法、呼吸的调节等的基本规律进行认真总结和掌握，科学指导武术技能学习。

④重视武术运动特点的教学，在教学中抓标志性动作，展示武术运动的专项特点，突出武术技术风格。

二、传统武术教学的内容与步骤

（一）武术课堂教学

1. 理论知识和技术概念讲解

对传统武术的技术动作名称、过程、术语、要领、要求，技术特点、力学解剖原理，谚语、口诀、典故、故事，政治动员，表彰、批评、评价等内容进行讲解。要求讲解简单、明确、生动形象，明确教学重点内容。

2. 技术动作示范

对传统武术的技术动作进行教学示范，在做示范时，教师应该保持认真的态度、规范的动作和优美的姿势。结合教学内容科学选择分解示范、完整示范、重点动作示范，正误对比示范以及正面、背面、侧面示范等不同示范方法。

3. 技术动作领做

在学生了解和掌握武术技术动作概念、原理和技术要点后，在教师的带领下，进行技术动作的模仿学习，教师在领做时，领做的方向和位置要恰当，使所有的学生都能看到，可配合口令进行。

4. 指挥学生练习

学生熟悉掌握传统武术技术动作后，教师用口令指挥学生进行练习，通过观察，指出学生技术动作完成过程中的各种不足之处，使其建立正确的技术动作定型。

（二）武术套路教学

1. 教学步骤

武术套路是由数十个动作组成，包括动作的方向路线、结构架势、劲力特点、停歇顿挫、心志意向等。要使学生学会套路动作，就要通过一系列教学步骤让学生掌握完整的动作。

（1）建立初步动作表象

表象，是人脑对过去感知过的事物形象的再现。武术动作表象是指对已经学过的武术动作形象在大脑中的再现。在武术技能训练中，使学生在大脑中建立正确清晰的动作表象是形成武术技能的首要环节。武术套路的训练包括手型、步型、眼神及方向路线等因素。因此，我们可以看出武术套路具有以下特点：一是动作的数量多，二是方向路线变化复杂，三是动作所包含的因素多，另外还有劲力、节奏等要求。所以教学过程中应该遵循以下步骤：首先将每一个动作的示范都完整准确地展示给学生，并在示范过程中对动作进行适当的讲解，促进学生头脑中形成武术动作表象，使学生对武术套路中的“手、眼、身、法、步”形成初步的概念。由于学生学习新动作时注意范围比较狭窄，知觉的敏感性、准确性比较低，因此教师应以示范动作为主，适当讲解动作的要领为辅，随着学生练习次数的增加，逐步完善每个动作。

（2）强化、加深运动形象

学生在初步建立动作表象时，往往表现为动作呆板、不协调、多余动作多而且动作的进行多靠模仿完成，肌肉本体感觉差，控制能力不强，准确性低。针对以上出现的问题，教师在示范领做和讲解动作时要适当加快速度，使学生的多种感知觉参与其中，对动作的时间、空间、速度、节奏等加强体会。如“抡臂硬拳”动作，一般学生在初学时建立动作表象多注意砸拳、振脚两个动作而没有注意到手脚的配合协调，也就是说动作的时间结构控制得不准，这就要求教师在原来基础上加强学生上下肢的配合，使学生将砸拳、振脚连贯起来，加强动作的时间概念。要求学生多种感知觉参与其中，对动作的时间、空间、速度、节奏需要运用运动觉、触觉、平衡觉去感觉。

（3）动力定型和高度自动化阶段

当学生对整个武术套路基本掌握以后，教师应使学生在兼顾劲力、节奏、精神、眼法、手法的情况下，反复练习使其本体感觉性运动条件反射加强，进而达到高度自动化程度，主要表现为动作流畅、规范清楚、劲力顺达、节奏分明。在此基础上，教师才能引导学生体会精神与动作、呼吸之间的配合，并结合拳种特点及自身的性格特点，逐步达到“形神兼备”。这个阶段的教学主要采取系统的、整体的观点，让学生在整套动作的练习中体验自我知觉，并适时加强语言指导，在时间中不断提高技术水平。

2. 教学要求

（1）重视基本功和基本动作教学

重视对基本功和基本动作的传授和练习，不仅能使学生身体各部位做到较全面的锻炼，还能较快发展武术运动的专项身体素质，为掌握和提高套路技术水平打下良好基础。

有意识、有针对性地根据学术套路内容确定教学基本功的重点，例如，选择“腾空飞胸”为教学重点，可选择前踢脚、单拍脚、提膝跳、交替摆跳作为辅助练习动作。

（2）难度动作和复杂动作放在前面，分解施教

学生在精力充沛的时候，精力集中，接受比较快。根据这一生理特点，我们将复杂的动作放在前面进行练习，这样不仅可以加强难杂动作与整个套路的融会，使整个套路连贯顺畅，而且能够节省教学时间，对提高学生的自信心，也有着不可忽视的作用。另外，对于杂难动作，我们可以采用化整为零的方法，分节施教，运用反复练习法强化训练。分节教学就是把一套动作划分为若干小节或将套路中某些顺势连贯的组合动作抽取出来进行示范和反复练习。这样既可以在集中时间内强化杂难动作，每节动作难易相当，做到巩固后

再进行下一小节，节节之间各有特点，从而吸引学生的兴趣。

（3）突出机械基本技法

器械运动的特点就是肢体对器械的支配和身法相配合，体现攻防意识，表现出动作的技击性和艺术性。因此，对不同器械的套路教学，应突出器械的技击特色和艺术欣赏力，教师应对学生介绍器械名称、规格以及持械方法、历史演化等，使学生了解和掌握。例如，初学者在学剑法时，握把太紧太死，不会使腕力，体现不出剑法，因此在学习套路之前，先介绍几个主要剑法，如剪腕花、刺、点，体会用力顺序和力点，初步掌握基本动作技术与要求后再学习套路。

（三）攻防技术教学

传统武术攻防技术是运用武术踢、打、拿等方法，以击败敌人并保护自己的活动。攻防技术充分表现了武术的技击性和对抗性。

1. 基本动作学习

传统武术攻防技术内容丰富，主要包括步法、手法、腿法、摔法、拿法等几类基本动作。对传统武术基本动作的学习是学习攻防技术的基础，任何攻防技术都是通过具体的技术动作实施的。

2. 基本素质练习

任何体育运动的技能技法学练都具有一定的身体素质要求，传统武术也不例外。传统武术的基本素质练习能为运动者对武术技术和技能的实施增加威力，使武术的技术攻防效果更强。

3. 攻防技术组合学习

传统武术的攻防技术组合有多种形式，包括上肢动作组合、下肢动作组合、上下肢动作组合、打摔动作组合、踢拿动作组合等。对各项动作进行灵活、合理的组合是攻防技术有效实施的前提。

4. 攻防战术学习

在传统武术对抗中，攻防技术的学习和掌握是实施攻防战术的必要基础和保证。攻防战术可分为主动强攻、迂回强攻、防守反击、虚实结合、引进落空、后发先至等战术。

在武术攻防战术教学中，应结合实战对抗合理组织和开展教学，的并注意强调战术的灵活运用。

5. 模拟实战练习

实战是提高习武者攻防技术水平的重要手段，在学生尚未熟练掌握技术和战术的情况下，教师可要求学生按照步法移动练习、活动靶练习、指定进攻、限制实战、点击实战等方式依序进行练习，使学生逐步适应实战，并具有一定的实战应变能力。

6. 实战练习

学生的武术技能水平最终都应该在实战中得到检验，武术实战教学应注意以下几点：第一，实战练习尽可能在同水平、同级别的学生中进行练习，避免因实力悬殊造成伤害；第二，实战对抗时间不宜过长，避免体力消耗过大引起受伤；第三，武术实战练习过程中应做好对学生的安全防护措施；第四，武术实战练习后应注意适时讲评，使学生有所提高。

三、传统武术的教学原则与方法

相关的研究报告表明，目前我国武术教学之所以无法达到我们最初的目标主要是因为教学的内容太简单化、单一化，并且这种因素已经制约了我国武术教学的未来发展，所以我们应当对教学的模式进行探索和改革，在各高校扩大招生但不增加场所的前提下，更好地让学生掌握一门有效的锻炼方法，只有这样才能让具备民族精神的武术体育项目得到普及和发展。除了上述的原因制约我国高校武术运动的发展因素外，还有体育的教学大纲内容没有充分考虑学生的兴趣以及学生之间的个体差异。因此我们要想真正地提高高校武术教学的效率就必须从这几点来进行研究和探讨，并且根据高校的实际情况去提出相应的有效解决策略。

（一）武术教学原则

1. 寓教于乐、激发兴趣原则

兴趣是最好的老师，是激起学生求知欲的内在动力。孔子说过：“知之者不如好之者，好之者不如乐之者。”因此，教师在教学中应充分挖掘教材，遵循寓教于乐的原则，用新颖、形象、生动、简练的教学语言讲述套路的动作路线，用正确的、轻松优美的动作演示套路动作，以此激起学生学习武术的愉悦之情、喜爱之心，从而主动参与武术学习。

2. 逐层推进、循序渐进原则

人们从感知事物到认知事物是一个由简单到复杂，由直观到抽象的渐进式过程。因此，要使学生学会复杂的武术套路动作，必须遵循人们的认知规律，从最基本的套路路线、动作步型等最简单易学的基础开始教学，再逐步过渡到技击方法及形神兼备的训练，逐层渐进开展教学，才能改变武术“学得慢，忘得快”的现象。

3. 个性化指导、因材施教原则

每个人都是一个独立的个体，无论是身体状况还是心理状况都是不一样的。不同的个体在特殊能力（如体育、音乐、绘画等）方面所显现出来的天赋差异性更为明显。武术作为一项体育运动，需要学习者具备一定的运动能力，而由于个体的差异，不同学生的运动能力、学习反馈能力、运动协调平衡能力以及他们的动作的节奏韵律感等方面是有差异的，不是所有的学生都能在同一时间内完成教学任务，达到一样的学习效果的。因此，在武术教学时，在兼顾全体的前提下，应充分考虑照顾学生个体的差异，确实如“夫子教人，各因其材”，如此才能提高教学的整体质量。

4. 全面发展原则

促进学生身心健康、全面发展是传统武术教学的重要目标和任务，同时，也是传统武术教学中教师组织和实施教学过程必须遵循的基本原则。

在传统武术教学中，除了促进学生身体健康外，还应全面提高学生智力、心理素质、美育（感）等，在传统武术教学中，教师应认真学习和领会传统武术教学大纲（或课程标准）精神，全面贯彻教学大纲（或课程标准）的目标和要求，重视学生的心理发展，实现身心发展的统一。在传统武术教学的各个阶段（准备、实施、复习、评价等），制定教学任务、选择教学内容和运用各种教学手段和方法，都应注意增强学生体质并促进其全面发展。

5. 重视尚武崇德

尚武崇德是传统武术的重要精神文化内涵。具体来说，“尚武”即为倡导和参与武术锻炼，“崇德”指推崇道德修养。武德是从事武术活动的人必须遵守的行为方式和道德准则，是习武者的基本素质要求。

在高校传统武术教学过程中，教师应通过武术理论教学，重视学生的思想教育，充分结合武术的特点以及教学规律，明确学生习武的目的和动机，使学生自强不息、虚心好学、尊师重道、遵守社会公德和秩序、爱国爱民。

6. 强调直观教学

传统武术学练历来讲究“口传身授”，通过师傅的动作示范进行动作模仿练习是习武者学习武术的重要方式方法。

传统武术自身的特点决定了在高校传统武术教学中应重视直观教学。一方面，传统武术动作数量多、方向路线变化多、动作构成因素多，因此，传统武术动作十分复杂。

传统武术动作的复杂性决定了教师在授课时多采用示范教学的方式。示范即为教师将武术技术动作的原本“影像”以真实的方式向学生传授的过程。在直观教学中，使学生明确了解和掌握武术动作的往返折叠，左旋右转。

7. 突出武术风格

突出武术风格是传统武术教学的一个重要的原则。主要表现在以下两个方面。

一方面，武术运动和其他体育运动项目相比，具有其自身的专项特点，在教学过程中，应使学生明确武术技术动作风格特点和掌握武术动作的基本规律

另一方面，武术运动项目众多，不同项目具有不同的功法特点，动作风格也各相迥异。

在传统武术教学中，教师应使学生在掌握正确动作技术基础之上，充分表现其武术风格特点（包括劲力、节奏、结构和精神等）。武术技术风格都是通过典型的技术动作加以表现的。例如，长拳的舒展大方、快速有力、动迅静定、节奏鲜明；太极拳缓慢柔和、体松心静、形意融合；南拳拳势刚劲、步伐稳固、发力发声、以气催力、手法丰富等。

武术教学实践中，教师应深入讲解强调动作的准确性，确保每一招、每一式都合乎动作规范，使学生在练习时做到精神饱满、内外合一，充分反映武术的功法和技术特点。

8. 注重内外兼修

内外兼修是传统武术的重要和突出特点。具体来说，内指心、神、意等心智活动和气息的运行，外是指手、眼、身、步等形体活动。内与外，形与神是相互联系的统一整体，内外兼修是传统武术的重要哲学思想基础。

在传统武术教学中，武术组合或套路的掌握必须建立在熟练的基础上，做到“心动形随”“形断意连”“出神入化”，实现内外兼修，对此，教师应通过各种方式和方法强调内与外的和谐配合，达到身心的全面锻炼。

9. 终身体育原则

终身体育是体育教学的重要教学原则，也是传统武术的教学原则之一，通过传统武术教学，长久地影响学生一生对运动健身重要性的理解并积极参与其中，是传统武术教学的最终目的。

（二）武术教学方法

1. 语言教学法

语言法是指在教学活动中，教师通过对学生进行语言指导从而达到相应的教学效果的方法。包括以下几种具体方法。

（1）讲解法

讲解，主要是教师对传统武术动作要领、方法和规则要求等方面的知识的语言说明，是较为常用的武术教学方法。常用讲解的方法有形象化讲解（将动作形态比喻成自然界现象）、术语化讲解、口诀化讲解、单子化讲解（将武术动作要点总结成字词）等。

讲解的具体方法包括以下几种。

①用简要的语言进行讲述。主要用于宣布课的任务、内容、要求、组织措施的安排等。

②用术语进行讲述。术语是武术的特有语言，如手法、腿法、劲力等。用武术术语进行讲解可以起到简明精练的作用，但初期使用要做适当解释。

③用形象的语言进行讲述。用形象的语言进行比喻，便于学生理解和记忆动作，但要结合学生的生活经验。

④用单字的语言进行讲述。武术动作复杂，可把复杂的动作过程归纳为简明扼要的几

个字，进行讲解时可以起到明确提示的作用。如“腾空飞脚”可把蹬地起跳、摆腿、提腰提气、拍手拍脚击响的过程，归纳为“蹬、摆、提、拍”4个字。

⑤用口诀化的语言进行讲述。武术动作复杂，可把复杂的动作过程归纳为简明上口的口诀，便于学生记忆。如弓步的口诀可以编为“前腿弓，后腿绷，挺胸立腰莫晃动”。

⑥用对比的语言进行讲述。常用在纠正学生的错误动作时，对比并指出正确与错误之间的差异、正误、优劣等的区别。进行对比讲解可使学生加深对正确动作的理解，并具有启发性。

⑦用提问的语言进行讲述。这是对学生经常要用的方法，可以先向学生提出问题后，教师再进行讲解，也可以让学生提问，再由学生回答。提问可以集中学生的注意力，引导学生积极思维。但提问时要注意必要性和时机，过于频繁提问，会失去对学生的吸引力。此外，还有温故法、鼓动法、复述法等多种讲法，教学中可根据实际需要，分别或结合采用。

传统武术讲解法的科学运用应注意以下几点。

①武术教材中具有普遍规律性的技术要求。如长拳的冲拳、推掌都是从腰间的抱拳开始出击。

②武术教材中的动作规格。如马步，两脚之间的距离是三个脚或三个半脚的长度，两大腿要蹲平等，通过讲解使学生明确具体动作的质量标准和要求。

③武术动作的关键环节。如弓步的关键环节是后脚跟不能离地，后腿膝关节要挺直。讲解动作的关键具有画龙点睛的作用，有助学生尽快掌握正确动作。

④武术动作的易犯错误。如冲拳容易出现“端肩”。对每个动作的易犯错误可以提前讲解，提示学生防止错误的发生，防患于未然。

⑤武术动作的攻防含义。每个武术动作都有相应的攻防含义，讲解这些内容可以使学生了解武术动作的用途，有助于准确地理解和掌握动作。但教学武术套路时，不宜过多向学生讲解武术动作的攻防含义，以免学生兴趣转移，完不成套路教学任务。

⑥武术动作的动作名称。武术动作是按照动作结构、形象取名，一般能表达动作的全貌。如“弓步冲拳”就是弓步和冲拳相结合的动作，“马步架打”就是马步和架冲拳相结合的动作等。

（2）口令、指示法

在传统武术教学过程中，需要借助多种口令和指示，如起跳、摆腿、提腰、提气、拍手拍脚击响等（可以简化为蹬、摆、提、拍）。这些语言简短有力，能够有效指导学生完成传统武术技术动作学练。

①一动一令。武术中武术基本功、基本动作、动作组合、武术基本功串联、拳术套路中的完整动作和分解动作，都可以用这种口令。运用这种口令时，发力的动作口令要短促、洪亮有力，而一般过渡性动作的口令可柔缓并稍加延长。

②提示性口令。这是指在动令之前，先说动作名称作为预令的口令，如“弓步冲拳”。提示性口令是武术新授课常用的口令，对于比较容易遗忘或出错的动作，也用提示性口令。运用时，预令与动令之间要留有学生思考的时间，时间的长短要根据实际情况而定。

③单字口令。指把动作名称中最能突出攻防特点的一个或两个字作为口令，如“搂手弓步冲拳”可呼号为“搂一冲”。单字口令主要用于分解动作和学生基本掌握动作之后的练习之中。运用口令时，教师的声音要洪亮，发音要准确，仪态要端庄，使学生感到严肃和紧迫感。

2. 直观教学法

直观教学法是指通过相应的直观的方式作用于人体的感觉器官，引起相应的感知，从而实现传统武术教学目的的方法，在传统武术教学中应用广泛，在主要可分为以下几种。

（1）动作示范法

动作示范法指的是教师采取一些示范动作使学生对技术动作的形象、结构和要领进行掌握的基本方法。传统武术运动教学中，教师可亲自进行示范也可指定相应的学生进行动作示范。示范过程中应注意以下几点。

①示范目的明确。目的不同，示范动作也有一定的区别，如使学生了解动作形象的示范动作可稍快；使学生了解动作结构的示范动作应稍慢；高难技术动作可不同方向多示范几次。

②示范动作正确，避免对学生形成误导。

③示范科学有效，应使学生便于观察，使全体学生都能看到。

④动作示范与讲解有效结合。可先示范后讲解，可先讲解后示范，也可边示范边讲解。

（2）直观教具与模型演示法

传统武术教学中，为了使教学更加生动形象，便于学生理解和掌握知识点和技术动作，可用图表、照片和模型等直观方法辅助教学。通过运用这些教学工具能够使学生更加易于理解武术技术结构和动作形象。

（3）多媒体教学法

多媒体教学法主要是指在传统武术运动教学中，教师通过让学生观看幻灯、投影、电影、电视、录像等进行教学的方法。

传统武术教学过程中，教师应注意根据教学目标选择适宜的教学媒体，注意播放内容要与传统武术教学目标相适应，并结合电影和电视、录像进行讲解示范。

3. 完整教学法

完整教学法是指从动作开始到结束，完整进行教学和练习的方法。传统武术教学中，完整教学法多在传统武术技术动作的难度不是很高，或技术动作不可进行分解时使用。一般在首次进行动作示范时，也会采用完整法来进行动作技术形象的示范。

4. 分解教学法

分解教学法是指教师将完整的动作技术合理地分解成几个部分或几个段落，逐个进行教授，最后完整教授动作技术的教学方法。教师应在建立完整动作概念的基础上进行动作分解，并及时向完整法过渡。

5. 预防与纠错教学法

在教学过程中，学生对于各种动作技术的掌握不标准和出错的状况是不可避免的，教师应正确对待，并应对学生可能出现的错误动作进行积极的、正确的引导和纠正。武术教学中，教师要善于观察学生实际练习情况，及时对错误动作予以纠正，使学生的技术动作到位标准，这是学生掌握正确武术技术动作不可缺少的重要基础。

6. 练习与巩固法

“曲不离口”“拳不离手”表明了反复练习在武术学习中的重要性。学生初步掌握套路动作后，要想达到运用自如的程度，必须通过反复练习，加以巩固，才能达到熟练运用、强身健体的作用。练习与巩固法以集体练习和分组练习、个人练习为主要形式。集体练习能够使学生在教师的动作示范及口令指挥下集体复习，一方面使学生能进一步掌握动作，培养集体主义感，另一方面通过集体练习，教师能够及时发现学生动作上存在的共性问题，便于统一纠错。

分组练习是教师把全班分成若干小组并指派班级中动作掌握较好的学生负责，每个小组在教师的统一领导下，采用口令或领做相结合的模式进行。这种练习法，能够让每个学生更加准确、快速地掌握动作，同时还能培养学生的集体协作精神，增进同学间的友谊。在集体训练及分组练习后，要留有一定的时间安排学生个人练习，让学生能够边想边练、增强记忆、巩固动作，尽快独立完成动作，提高学习效率。

此外，教师应该根据武术运动本身的特点，结合教学反馈情况灵活采取多种教学方法、教学手段。如根据武术动作具有技击性的特点，可开展攻防、双人或多人配合练习，或通过教学比赛等方式，提高武术学习的趣味性、实用性，激发学生自觉学习的积极性和主动性。

四、传统武术教学发展策略探究

（一）调整武术教学目标

传统武术运动课程教学主要针对武术专业学生开展，教学目标过度强调学生武术竞技水平的提高，忽视对学生的基础运动能力的培养和身心的协调发展。

随着现代传统武术教学改革和校园传统武术教学理念的转变，应把增强学生体质、提高学生的健康水平作为传统武术教学的首要目标，增强学生体质、提高学生的传统武术运动素养、重视学生个性发展。

（二）突破难度，提取关键位置

在进行武术教学时通常会遇到难度较大，且教学比较困难的动作，因此可以在展开教授时进行提前练习，把学习困难的动作单独拿来作为重点教授的部分，使学生获得更加精准的学习。比如，在学习初级长拳时，“转身踢腿马步盘肘”这一动作大家普遍反映难以掌握，特别是转身抡臂。因此，可以在学习的前奏部分让学生在原地练习双臂环绕，直到动作协调平衡为止，之后指导教师进行口令指导，引领学生们练习右勾手、左亮掌和右腿踢的动作，通过这种有效的指挥练习，让学生既掌握了整套动作，又对具有难度的动作获得了很好的强化练习。当然，这种教授方法的前提是学生具备较好的武术基础，而不是进行无目的的盲目提取动作，不然会导致适得其反的效果，此外，由于武术学习对学生的体力和弹跳能力具有较高要求，而学习武术的学生难免会有体质较差的学生，或是身体协调性不好、体重过重、柔韧性不好等学习较困难的学生，在面对这些学生进行教学时，应当有针对性地降低学习难度，将一套动作进行分解练习，通过这种方法逐渐恢复学生学习的自信心，比如，“二起脚”这一动作教学时难度较大，学生学习也比较困难，可以将其分解开来：首先，右脚上步，左腿置于前，同时向上踢摆；之后，右脚腾空向上踢，右手臂和手掌随着左右腿进行摆动，右手掌和右脚面击响两次。在练习的开端，应当对学习能力较弱的学生给予格外的关照，不要要求过高，当他们通过练习获得了较熟悉的感受后，再适当增加难度，从而提升教学效果。

（三）激发兴趣，加深攻防理解

中国武术是一门精深的学问，具有严谨的逻辑和丰富的内涵，其踢、打、摔、拿的每招每式都是有特定的方法的，要使学生学习武术的兴趣得以较快提升，应当首先使他们了解武术的内涵，慢慢对攻守和防备获得深刻的领会，逐渐在武术的攻守中获得兴趣，从而使学生学习武术打好基础，做好铺垫。一般学习武术的学生都对攻防格斗具有较大的兴趣，想要获得实用的武术技巧，应对这种现状，除了对学生进行常规的武术指引外，可以在课堂中加入一些对打的练习，使所学动作可以获得更好的搭配练习，或是将这些动作编成一整套的套路进行教学，使学生学习的武术动作不再单调。如此一来，学生不但获得了练习打斗的乐趣，而且使课堂气氛得到了活跃，学生对于攻防的理解也更加深刻。练习对打时，既要做到攻防的合理性，方法的精准性，更应当处理好动作的平衡与协调，强调点到为止，在练习中注重友好原则，避免出现伤害性事故。

（四）加深记忆，归纳动作类型

如要学生对于所学的武术套路获得更好的理解和掌握，教师也可以采取启发式教学方式，以促进学生对动作的理解。例如，在进行简化太极拳教学时，教师可以通过向学生抛出问题来激发学生的思维，如这套动作中绷、挤、按类的动作有哪些？抱、分、搂、推类的动作有哪些？云、转、托、架类的动作有哪些？拳法、绕打、下势类有哪些？以这种提问的方式，使学生加深识记与理解，使看起来没有规律可循的套路动作变得有章可循，同时使学生获得抽象思维能力的提升，达到较好的教学效果。

（五）增强美感，注意动作形神

武术的每个动作不仅要求动作的严谨，对于美感的要求也是很高的，这对教师的教学提出了较大的要求，不仅要精准无误，还要做到教学时的节奏感和审美性，使每招每式都形神兼备、逼真生动，这是学习武术所追求的独特属性，对于初学者的教学，应当将动作的形似放于突出位置，当学生练习形似后，再开始对神似的追求。只要功夫深，没有什么做不到的难事，同理，只要具备了良好的武术基本功，便是形神兼备的前奏，所以，具备好的武术功底一定要注重练习基本功，将其视为一门必修课来练习，不可偏废或丝毫懈怠，这样有助于增强学生的形神气质，使武术的美学意蕴得到很好的表达。

（六）愉悦身心，活跃课堂气氛

教师在进行武术教学时，也应当注重良好的课堂氛围的营造，这样有助于促进学生武术学习的兴趣与热情，通过开展不同形式的授课和因材施教的练习，使学生在轻松自由的环境中更好的练习。比如，练习“蹬腿”和“冲拳”动作时，伴随学生的一招一式的动作，可以让他们放声给自己打着伴奏，“嗨”“嘿”声的此起彼伏，既活跃了课堂气氛，又增进了学生的练习热情，伴随着练习时的声声呐喊，必定引来很多人的旁观，这时学生们为了赢得别人的赞赏，便会更加用心的练习，这样一来，使得之前的动作也获得了较好的改善，从而获得良好的练习效果。学习武术的学生一般都精力比较旺盛，上课时如果氛围过于紧张压抑，容易产生较差的效果，因此让他们放开喉咙喊一喊，不仅促进了练习效果，而且达到了放松身心的作用。

（七）加强国家政策扶持

我国传统武术课程开设的时间较短，是一门新兴课程，为了更好地促进武术课程的开展，各级管理部门应该尽可能在政策、科研、资金等方面对传统武术课程给予大力支持。

具体来说，国家应在教学大纲编写、教材编写、课程设置、校园文化推广方面多下功夫，使高校积极开设武术教学课程，让武术教学有教材可供指导，重视武术文化的传承与发展。

第三节　传统武术课程设置理论与发展探索

一、传统武术课程内容设置

（一）武术课程内容来源

1. 采纳上级课程文本建议

这里所说的上级课程文本，具体是指国家教育行政部门规定的学校统一课程和教学内容，它是专门为未来公民接受基础教育之后应该达到的共同体育素质而开发的体育课程和教学内容。

在高校传统武术教学中，上级课程文本是一个重要的课程内容参考，具有一定的政策性和方向性。

2. 参考上级课程文本的建议

由于各级各类学校的实际情况不同，因此，国家在武术教学方面的上级课程文本除了有一定的强制性东西外，也给予了地方学校、教师一些自由发挥的空间和余地，地方学校的体育教师可以灵活自主地选择武术教学内容，如开展本地区特殊武术项目教学。

3. 修改上级课程文本的规定

上级课程文本的制订都是从全国或全省的整体情况考虑的，不可能考虑到每个地区和每个学校的具体情况，因此必然会存在不符合地区和学校的具体情况的教学内容，对此部分，各地区学校应进行科学、合理的修改。

当然，对上级课程文本的修改不能是随意的，不可违背上级的意图、重要的规定与要求，要在上级文本规定的基础上，进行合理改动。

（二）武术课程内容选择

武术课程内容应符合国家武术教学规定、符合学校教学特点、符合学生特点和学习能力、满足学生需求。

具体来说，传统武术课程内容的选择依据具体如下。

1. 武术课程教学目标

武术课程内容在实现武术课程目标的过程中，是作为手段而存在的。教师在进行武术教学内容时，必须遵守武术课程教学目标，相应的武术课程目标对应着相应的武术课程内容。

2. 学生生长发育规律

学生生长发育的规律主要包括身体形态、生理机能和身体素质等方面，它们相互影响、相互制约。

武术教学以学生的身体练习为主要手段，其核心是促进学生身心健康，目的是培养学生的全面素质。在武术教学中，武术教学内容选择和安排必须符合学生的生长发育规律，符合学生的年龄特点，只有这样才能切实促进学生身心健康发展。

3. 学生机能适应规律

生命体自身的发展也具有一定的规律性，任何身体练习都必须符合机体发展的规律，否则就会因超出机体负荷对机体发展造成伤害，或者负荷不足不能有效促进机体发展。

武术教学实践表明，通过武术活动和锻炼对学习者的有机体进行生物改造，可增强体能、增进健康，因此，在武术教学内容选用过程中，准确把握学生的身体机能适应规律，选择出更加科学和有效的武术内容设计方案，以利于促进学生身心素质和技能水平的发展与提高。

4. 学生身心发展需要

学生是武术教学活动的主体，武术教学以促进学生身心发展为目的，因此，在选择武术教学内容时，必须要考虑学生的发展需要。具体来说，就是要根据学生的身心发展需要选择武术教学内容，以提高学生学习的积极性。

5. 社会发展的需要

社会是学生实现自我价值的最终归宿，在进行传统武术教学的内容选择时，除了考虑学生本身的需求，社会现实发展的需求也必须被考虑进去。

武术的系统学练能为学生打下良好的健康基础，在武术教学内容选择的过程中，必须要与社会实际相符，满足学生在走出校园、进入社会后的发展需求。

二、传统武术课程设置评价

（一）武术课程评价标准的制定

从课程评价体系方面分析，专业考核的内容包括理论考试与技术考试。但是这种考核评价方法相对单一，而且更加侧重于对专业技术和理论的评价，也无法体现课程教学的目标，因此，需要对评价体系进行改进和创新。

1. 评价方式的多元化

针对传统评价方式过于单一的问题，应该结合实际情况，对评价方式进行拓展。例如，可以实行总结性评价和过程性评价相互结合的评价方式，重视对学生学习过程及发展情况的评价，减少考试成绩在评价中所占的比重，承认学生的个体差异性，强调学生的个人发展变化，将横向评价转变为纵向评价，这样，不仅能够促进学生综合素质的提高，还可以增强学生的自信心，提升其对于学习的动力。同时，也可以实行课内考核与课外考核相互结合的方式。对于体育教学而言，其本质并不是培养学生的专业技术，而是促进人的全面发展，强化学生的身体素质和健康水平。

在当前体育教学改革不断深化的背景下，确立课内外结合的目标体系已经成为一种必然的趋势。因此，对于课程教学的评价应该以课内考核为基础，对课外考核的深度和广度进行拓展，实现对学生综合素质的考核与评价，保证体育教学的效果和质量。另外，教学评价应以教学目标为中心，针对多元化的教学目标，设置多元化的评价主体。在实际教学中，评价主体应以教学内容和教学目标为主，由教师以及相关专家进行分别评价，确保评价结果的公平性和客观性，最大限度地发挥评价的功效。

2. 评价内容的多元化

武术相关专业考核评价的内容应该由传统单一的定量指标评价转变为多元化指标评价，不仅应该重视课内评价，也应该强调课外评价。考核评价的内容不仅需要包括学生的学习态度、理论知识、运动能力，还应该包括教学训练实践、运动健康、创新能力以及活动组织力等，保证评价的客观性与合理性。

3. 考核评价的阶段性

武术相关专业课程在设置时由于内容复杂，课时相对较多，基本上贯穿了学生的整个大学学习的始终。在不同的学期和学年，存在着不同的课时设置和教学内容，而伴随着学习时间的增长，课程教学目标也会出现阶段性的变化。对此，在对评价体系进行改革的过程中，应该充分考虑以上特性，确保考核目标能够随着教学目标和教学内容的阶段性变化而变化，提升评价的针对性和准确性，确保其能够对学生的体育素质、专业理论知识、运动能力等进行或独立或综合的评价分析，从而为教学活动的顺利展开提供相应的参考依据。

（二）武术课程评价方法的选择

要实现对武术课程设置的科学评价，就必须要选择合理、有效的评价方法，常用的评价方法主要有以下几种，教师可结合武术教学实际进行有针对性的选择。

1. 测试法

通过运用相应的器材和方法，制定相应的试题和项目要求，来对学生的传统武术学习状况进行测试评价，如考试、达标检测等。

2. 调查法

调查法包括问卷法和访谈法。问卷法以书面形式间接地向学生提问一些需要获取信息的问题，并且从所获取的答案中获取有效信息的方法。访谈法要求测试者掌握高超的谈话和沟通技巧，主要用于收集学生的情感目标资料。

3. 观察法

在武术教学中，通过武术教师对学生的行为和学习态度的观察，来判断学生的学习情况。观察法的运用要具有一定的目的性和针对性，以保证达到理想的评价效果。

（三）建立健全课程评价机制

在传统教学评价模式中，评价是教师的“专利”，而学生则往往比较被动，其评价的权利往往被忽略。现代武术传统课程评价应实现多元化的评价。

武术课程设置评价的多元化具体是指评价者、评价方式、评价内容的多元化。具体结合传统武术课程教学过程中所涉及的人（教师和学生）和活动（教师的教和学生的学），对武术课程进行纵轴和横轴的划分和相应的评价。

三、传统武术课程发展策略探究

（一）丰富武术课程类型、完善选课制度

当前高校武术教学的内容太过于陈旧，层次不清且缺乏系统的武术教材，所以已经无法适应当前学生对武术的真正需求，而且教学的方式也太过于单一，缺乏灵活性，所以也无法满足我们当前的教学需求。在实际的教学过程中教学的目的太过于含糊不清，缺乏具体的针对性，所以在教学中也就无法体现武术的本质是什么，相关武术的教学课程也比较偏少，这些因素都非常不利于武术未来的发展。面对这种情况，我们必须改变陈旧的教学内容和教学方式，要创造出适合当代大学生发展的教学模式，从而激发出学生的学习兴趣。

目前，武术教学有必修课和选修课，学校必须真正落实科学选课制度，以学生的兴趣为出发点，建立形式多样的武术课堂，把各种形式的武术和教学进度等展示到学生面前，使学生能结合自身情况进行自由选择。这有利于学生在未来的武术课程教学中积极、主动学习武术教学内容，有利于提高武术教学效果，活跃整个校园的武术气氛。

（二）完善武术专业教材、拓展课程内容

传统武术是一个由多学科相交叉所形成的新兴专业，传统武术涉及的学科内容除了体育学外，还有传统哲学、中医学、养生学、伦理学、美学、兵法学等学科。因此，有必要为各学校的体育教学提供科学、系统、全面的武术专业教材，以更好地指导武术教学实践。

此外，在高校武术课程内容方面，以套路运动教学为主，但是，从目前对这方面的调

查来看，高校大学生对格斗运动的兴趣越来越高，因此，为了满足学生学习格斗的愿望，顺应武术教学的这一发展趋势，应拓展武术课程教学内容。

（三）加强武术资源建设、重视课程评价

首先，在高校武术课程教学过程中，教师起着重要的主导作用，因此，应加强师资队伍建设，提高教师专业素质，这是提高高校武术课程教学质量的重要基础。为了更好地发展和提高传统武术教师的专业水平和素质，应加大引进高层次教师，对现有教师进行培训，为教师提供较好的科研和教学环境。

其次，促进武术课程发展还应注意加强在传统武术教学场地、器械等配套设施的建设，保障传统武术课程的顺利开展。

最后，还要重视武术课程评价、促进武术课程设置和实施的科学化：重视学生在武术教学中的自我运动能力的了解和自我评价；重视对学生学习效果的量化分析，实现定性评价和定量评价的有机结合；评价过程中体现人文关怀。

（四）进一步推进课内外武术活动一体化

武术课程教学时间有限，不能从根本上满足学生和学校的武术发展需求，而课外活动是课堂教学的延伸，能够对课堂武术教学起到积极的辅助作用，因此，必须充分认识课余武术的作用和地位。

现阶段，开展课余武术活动，应鼓励教师积极参与武术的课外活动，将课余武术指导工作纳入教师的考核制度、薪资结构。同时，鼓励校内武术协会、武术俱乐部、武术代表队的建立和各种武术活动的开展，形成多渠道的校园武术发展模式。

（五）营造良好的学习氛围

在实际的教学过程中，场地设施不够齐全，同时也缺乏研究经费以及活动费用等，已经严重影响了大学生参与武术运动的效率。学校在校园中没有营造一个良好的学习氛围，缺乏应有的练习环境，同时关于大学生武术竞赛的组织活动又太少，这些因素都严重影响了学生参与武术运动的积极性。针对这种情况，我们先要做的就是为学生营造一个良好的练习环境，并且加强练习的软件、硬件设施的建设，从而能够保证让学生在一个良好的学习氛围中进行武术的学习与练习。

第五章　传统武术训练与竞赛体系的建设与发展

传统武术训练与竞赛体系是传统武术的重要组成部分，有着非常重要的地位和作用。从某种程度上来讲，传统武术训练与竞赛体系的发展，对传统武术的传承与发展产生着十分巨大的影响，因此，对传统武术训练与竞赛体系的建设与发展进行分析和研究，能够为传统武术传承与发展体系的构建奠定良好的基础，同时也能提供相应的依据和支持。本章主要对我国传统武术训练与竞赛体系的建设与发展展开了简要阐述。

第一节　传统武术训练体系的建设与发展

一、传统武术训练体系及其建设

体能训练是运动训练的重要组成部分，是结合专项需要并通过合理负荷的动作练习，改善运动员的身体形态，提高运动员机能能力、竞技水平的训练过程。关于体能训练的定义现在还没有统一标准，不过大家对体能训练在专项运动上的重大作用还是一致认可的。由此可见，竞技武术的体能训练是针对各个专项、每位运动员以及运动队的实际情况而进行的有利于技术技能发展、战术实施和运动成绩提高的一项有关身体和心智的长期性训练科目。

（一）传统武术训练原则

所谓训练原则是指对武术套路运动训练的实践经验的总结，反映套路运动训练活动的一般规律，并依据套路运动训练活动的规律而确定的组织运动训练所必须遵循的基本要求。套路训练原则是运动训练原则的一个子系统，因此，在武术套路训练过程中，不仅要严格遵从训练学的一般训练原则，还要以武术项目特点以及武术本身所蕴含的浓郁的东方文化为依据，遵循具有武术特色的训练原则。具体来说，主要有以下几个方面。

1. 动静结合、内外互导原则

动静结合就是静止性的定势练习和活动性过程练习相结合，相互辅佐，这是武术训练中非常常见的。一般来说，动力性练习与静力性练习所产生的作用是不同的。可以说，二者是相辅相成、互相促进的。尤其是进行完整的技术动作训练时，一定要动中有静，静中有动，动中有法，这样才能使武术所需要的运动素质得到提高，并且形成正确的动力定型，从而有助于武术运动技术水平得到进一步的提高。

内外互导是指“以内导外，以外导内”两种方法相结合运用，换言之就是先外求形体动作的准确与完整，后内求意念、精神、气息，最终达到手、眼、身法、步和心志、意、气的内外合一。

2. 用心领悟、突出风格的原则

打开思维，用心揣摩动作的精微，细心体验动作的感受，追求对动作诀窍的豁然悟通，从而展示出武术动作的内外合一、形神兼备的整体性，这就是所谓的用心领悟。

关于风格，可以从三个方面入手来对其进行更加深入的了解和认识。

第一，是指武术风格，也就是具有武术项目特点。

第二，是指套路风格，也就是拳、械技术与运动风格。

第三，则是指个体风格，也就是个体演练的风格。

由此可以得知，突出武术风格即动作要有武术的韵味；突出套路风格是指要将不同拳、械的技术和运动风格突出表现出来；突出个体风格则是指将自身的个性特征与套路融合，将各自不同的风貌突出表现出来，只有这样才能将武术套路的内在意义突出出来。不同的风格能够将不同运动员对武术的理解与认识的差异表现出来，这就要求在武术的训练过程中要对突出风格的表现加以重视和强调。

3. 功贯始终、寓含技击的原则

将武术基本功的练习贯穿整个训练的全过程，就是所谓的功贯始终。通过基本功练习，能够获得必须具备的基本技术与技能。武术基本功不仅是武术初级阶段的必修内容，也是提高武术技术水平的一种重要手段，在武术习练水平达到中、高级阶段时，仍然要坚持基本功的训练，以保持或进一步提高武术套路演练水平。不仅如此，武术基本功往往放在每次训练课的开始，相当于热身的专门性准备活动，这对于运动员减少运动损伤是有所助益的。同时武术基本功还是进行高难度套路练习所做的过渡性准备工作，能够使完成高难度动作的信心得到有效增强，对于训练水平的提高也是有所助益的。因此，不管是什么运动水平的武术运动员，都要将基本功练习贯穿于训练的始终。

在演练过程中，将技击意识寓含于套路之中，用意引导动作，并将对动作攻防含义的理解贯注于动作，以表现武术特有的韵味，使动作显得充实饱满，这就是所谓的寓含技击。尽管现代的武术不是实用技击术，但技击性这一运动特点仍是武术套路的显著特点，这一点是不会改变的。武术套路以技击动作为素材，通过套路的演练来表现具有实用攻防含义的技击艺术。因此，这就要求运动员在演练的过程中必须含有这种技击意识。

（二）传统武术训练内容

在武术训练过程中，以训练目的、内容的不同为主要依据，可以将训练的内容分为体能训练、技术训练、心理训练、智能训练这几个方面，具体如下。

1. 体能训练

体能训练的目的在于提高武术学习者的身体机能和素质，为技术水平的提高打下良好基础。它包括一般身体训练和专项身体训练。

（1）一般身体训练

一般身体训练主要是提高武术学习者机体的健康水平及各器官系统的机能，全面发展身体素质，而其中又以身体素质的训练为主要内容，多采用其他运动中的各种跑、跳、举等练习方式进行训练。

（2）专项身体训练

专项身体训练指与武术专项技术有直接联系的身体训练，采取与武术技术动作结构、动作方向、速度、幅度及用力性质有关的练习手段，来增强武术学习者机体的武术活动能力，为学习、改进、提高武术技术动作提供直接的身体条件。武术基本功是训练专项身体素质的最佳途径，其中的腰、腿、臂、桩四功对身体主要部位的素质训练起着积极有效的作用。

需要注意的是训练中应将一般身体训练与专项身体训练有机地结合起来，相互调剂、相互促进。

2. 技术训练

武术训练中最主要的部分就是技术训练。技术训练水平能够在比赛时的运动水平上得到体现。因此，这就要求教练员将这一部分内容作为重点来抓。武术运动是一项技术性非常强的体育运动，无论教练员还是运动员，都要重视技术训练。以技术动作在训练中的目的以及在套路中的构成和影响效果为主要依据，可以将技术训练分为基本训练、基本动作训练、套路技术训练三个方面。

（1）基本技术训练

武术中的基本技术，是从武术运动实践中提炼出的规范化的常用技术，只有将基本技术做得标准、规范，才能更好地保证套路完成的质量。它主要包含三方面内容。

①动作的发力顺序。武术竞赛规则中强调动作要劲力充足，用力顺达，力点准确，发力完整。而发力顺序则是劲力体现的重要所在。因此在训练中应解决动作发力的顺序性，使身体各部位协调配合，按照一定的顺序进行用力。

②动作技击特点。武术动作的技击特点是基本技术的重要因素。因此，在训练各种基本技术动作时，要掌握并体现出左顾右盼、声东击西、指上打下、攻防兼有的攻防意识和

动作特点。

③八法的协调配合。武术运动中的八法，即动作时手、眼、身、步、精、气、力、功八个方面。要求做到“拳如流星，眼似电；腰如蛇行，步赛粘；精要充沛，气宜沉；力要顺达，功宜纯”。

（2）基本动作训练

基本动作即典型的、常用的，但又比较简单的动作，一般包括手型、手法、步型、步法、腿法、身法、平衡和基本跳跃等内容，并随技术水平的发展提高而逐步增多。在训练中，对基本动作的姿势必须严格要求，做到一丝不苟，以便形成准确的动力定型，为套路演练打下良好的基础。

（3）套路技术训练

套路技术训练，是指提高套路的演练技巧和水平，不断增强身体素质、机能以取得最佳的运动成绩。训练的形式有以下四种。

①分段训练。把整套动作分成若干段落进行反复练习，主要是解决局部动作的技术和节奏等问题，强化、改进段落的技术质量。根据训练目的和任务，可分为重点段、难度段、高潮段、起势段和收势段来进行训练。

②整套训练。把在单个动作和分段训练中获得的动作规格、速度、节奏及意识的表现技能在成套训练中加以运用，增强高质量完成整套动作的能力。重点是要处理好整套的节奏和体力的分配，使其表现出动静分明、刚相济、章法清晰的演练效果。

③超套路训练。一次上场完成一套以上数量的练习。其目的是增强“套路耐力”，提高无氧代谢能力，培养顽强的意志品质。

④对练套路训练。采用的训练步骤和方法一般有单人基本方法练习、双人配合练习、先慢练后快练、先分解练后整套练等，使之逐步达到方法准确、配合默契、攻防逼真的效果。

3. 心理训练

运动训练对心理训练是非常重视的，它是武术训练的另一重要组成部分。在武术竞赛中，运动场上的状态好坏会对演练水平产生直接的影响。因此，教练员与运动员越来越重视心理训练的重要性。

4. 智能训练

智能训练是对运动员智力进行的一种特殊训练。通常情况下，可以将智能训练分为一般智能训练和武术智能训练两种。其中，一般智能训练是武术智能训练的基础，其主要目的在于发展运动员的一般智能，而武术智能训练的发展重点则在于其与武术套路专项密切相关的专项智能。在比赛中，智能属于内隐性因素，往往被人们所忽视。实际智能水平的高低与运动水平有着极为密切的关系，智能水平能够有效反映出竞技水平。随着竞技运动水平的日益提高，智能训练已逐渐被人们认识与运用。

（三）传统武术训练方法

1. 重复训练法

重复训练法指在不改变动作结构和运动负荷数据的情况下，按照既定的要求反复进行练习的一种方法，它是武术传统训练中应用最多的一个训练方法。因为，只有通过不断地重复练习，才能熟中生巧，明悟套路变化，使条件反射得到建立和巩固，使运动素质得到有效发展，训练水平得以提升。在武术训练中运用重复训练法时，往往需要注意以下两个方面。

①在用于学习和掌握技术动作时，每次练习重复的内容应当相同，间歇时间要使机体得到基本恢复，保持神经系统在适度兴奋状态下感知综合运动感觉。在这类训练中，对负荷的强度提出的要求要适宜，不要过高，但要严格按照正确的动作规格进行训练，形成正确动作的动力定型，进而达到“招熟”。

②在用于提高和巩固技术时，不仅要保证一定的练习数量，还要以运动员的训练水平为依据，练习的数量和负荷强度应逐步提高要求，并通过在困难的条件下，正确、熟练地重复动作，提高完成动作的质量。

2. 静耗训练法

一个较为常见的武术传统训练法就是静耗训练法，具体来说，就是指保持一定身体形态的外静内动训练，比如，内功中的柔功中的“耗腿”训练、“桩功”训练、基本功中功架的“耗架”训练等。这种训练法使肢体在静止的状态下，内部意识、气息、劲力按一定要求流注，内外兼修，对于体会意、气、劲、形统一的感知，加速形成正确的身形和拳架都是有所帮助的。

进行柔功中的耗腿训练，能养成控腿、踢腿时的正确身形。在意识的引导下，内气和劲力流注到被牵拉部位，能起到通过内劲沉压伸拉韧带的作用。采用静耗训练法时，首先要将所耗架势的正确规格和内部意、气、劲的运转方式明确下来，静耗时间因人而异。

通过桩功静耗训练，能够使意识对肢体形态的感知得到进一步的强化，加速形成正确的步型。与此同时，还能以意识引气聚入丹田，获得以气助势、以气助力的坚实根基。

3. 变换训练法

有目的地变换练习负荷、动作组合，以及变换练习环境、条件等情况进行训练的方法，就是所谓的变换训练法。通常情况下，可以将变换训练法分为两种类型，即连续变换与间歇变换。变换训练法的形式主要有三种，即变换内容、变化形式、变换负荷。在传统武术中运用变换训练法，能够使习武者积极性、趣味性、适应性以及应变能力都得到较好的提升。同时，也能使习武者的不同运动素质、运动技能得到系统训练和协调发展。一般变换训练法往往在训练的中后期运用较多，以此来提升习武者训练的积极性和兴趣，进而不断提高训练水平。另外，变换训练法在武术的技术训练中运用的也较为广泛。

4. 间歇训练法

间歇训练法指在一组、半套或一套练习之后，按照严格规定的间歇时间休息，在机体尚未完全恢复的情况下又进行练习的方法。这种训练方法是在运动员的机体未能完全恢复时就进行下一次练习，因此，能够有效提高机体忍受乳酸堆积和承担氧债的能力，还可以有效改善呼吸和心血管系统的机能。在中华武术训练中使用间歇训练法时，需要对以下几个方面的事项加以注意。

第一，要以训练任务为依据来安排间歇训练的方案。

第二，要运用超量恢复的原理，具体来说，就是要做到提高每次练习的强度、增加练习的重复次数和调整间歇时间。

第三，要以不同拳种特点为依据来对练习的强度和密度进行科学合理的安排。间歇时休息的方式以轻微活动为好，这样对血管会起到按摩作用，从而使血液回流速度加快，为排除代谢所产生的废物提供一定的帮助。

第四，间歇训练法要求运动员机体在尚未完全恢复时就进行下一次练习，因此，具有较大的运动负荷。教练员在间歇时间安排上必须与运动员承受负荷的能力相符。

5. 比赛训练法

组织竞争性的、有胜负结果的、以最大强度完成练习的训练方法，就是所谓的比赛训练法。这种训练法在专业武术运动员进行武术训练中运用较为广泛。较为常见的比赛训练法的具体形式主要有三种，即模拟性比赛、检查性比赛以及适应性比赛。通过比赛训练法进行训练和比赛，不仅能够将运动员的比赛积极性充分调动起来，同时，也能够将运动员的斗志激发出来，对培养运动员积极向上、克服困难的精神起到积极的促进作用，从而创造优异成绩。

6. 默念训练法

默念训练法也是一种武术传统训练法。具体来说，这是一种通过意念活动，重现大脑获得的动作感觉和知觉、达到强化武术运动技能的练习方法。通过这种训练方法的运用，能够有效默想动作要领、方向、路线与相邻动作的衔接，以及攻防含义等。

实际训练前先进行默念练习，对于注意力的集中是有所帮助的，能够有效引起机体机能兴奋，进入工作状态，并能使动作循规蹈矩地进行。做完练习后，即刻进行默念练习，对于体会肌肉感觉，加深动作印象是有所助益的，同时，还能及时对比出感觉与动作之间的差异，以便在下次练习中修正动作的错误部分。训练后进行默念练习，对于运动中获得的感知的巩固、动作技能的条件反射的加强以及动力定型的建立速度加快都有所帮助。

7. 慢速训练法

慢速训练也是一种武术传统训练法，具体来说，主要是指将动作的正常速度放慢，并在每个动作完成时静停一会儿的练习方法。这种训练法的主要目的，在于使对动作内涵的领悟得到进一步的提高。

慢速时，注意内部意气、劲的流注和外部动作的运行路线；静停时，注意动作的方向和意境展示。通过细心揣摩，领悟技法诀窍和攻防意识；通过强化本体感觉，加大下肢负荷量，锻炼下肢的支撑和控制能力，提高动作的稳定性。在对练训练中采用慢速训练法，对于两人相互体会对方的动作特点，建立相互配合的默契也是有所助益的。

需要强调的是，如果长时间内只采用慢速训练法，可能会导致运动节奏较慢的动力定型的形成，这对于动作速度的提高是不利的。因此，不论在哪个训练阶段，慢速训练法与正常速度的训练都要交替运用。

8. 综合训练法

将上述几个方法综合起来，被习武者运用于传统武术训练中的方法，就是所谓的综合训练法。需要强调的是，综合训练法并不是将上述几种训练方法随意综合起来，而是要根据武术训练的实际情况和需要，将所需的两种或者几种训练方法有机结合在一起进行运用，从而达到最佳的训练效果。

在武术训练中，通过综合训练法的科学运用，能够对习武者的训练负荷与休息进行灵活的调节，从而更圆满地达到练习内容的要求，进而达到有效发展习武者的运动素质，提高其运动技术水平的目的。

（四）传统武术训练的注意事项

不难发现，武术训练与其他学科或技能学习一样，都是由易到难、由浅入深的过程。而针对不同的被教育对象，还要遵循因材施教和灵活变通的训练教学手法。除此之外，还需要教练员结合当前武术学习者的身心等实际特点，科学制定训练计划，并根据武术学习者身体的素质差异，开展有针对性的教育指导，才能保证武术训练教学的实效。

1. 要注意加强教练员与运动员的交流

武术套路运动在习练过程中，运动员与教练员之间的交流是一个非常重要的部分。

通过交流，可以使二者内隐的认识与感知达到沟通与融合。运动员将不理解或是困惑的问题告诉教练员，教练员就会与运动员进行相关训练主导思想的沟通，由此来共同研究对策，从而使训练的效果得到有效提升。通过交流，还能够增进师生感情，使训练的氛围和谐融洽。

2. 要注意提高中国传统文化修养水平

作为我国的一项民族传统体育项目，武术中蕴涵着中华民族古老的传统文化。加强此方面的修养，对于对武术套路运动的认识水平的提高是较为有利的，这也为练习武术套路构建了坚实的民族文化底蕴。

3. 要注意将训练与恢复有机结合

武术套路运动训练是一种非常艰苦的工作，尤其是在“高、难、新、美”的技术发展方向的指引下，许多动作对柔韧、弹跳、灵敏等方面的要求非常苛刻。这就在一定程度上增加了对身体的伤害，所以要保持运动训练的可持续性，并在原有的基础上有所提高。训练就是不断打破旧平衡、建立新平衡的过程，而大强度训练后的恢复是运动训练的重要组成部分，这就要求教练员应采用有针对性的、积极的恢复手段和措施。

4. 要注意及时进行训练评价

武术学习者在训练过程中能看到自己的成绩和进步，才会得到激励，从而更努力地训练。因此，教练在训练的过程中要及时对武术学习者的训练成果做出评价，例如，教练可以对武术学习者的训练进行详细的记录，然后在训练过后进行成绩的公布，让武术学习者了解自己的训练成果，并及时指出哪些武术学习者相较于之前的训练成绩提高了、有所进步，让武术学习者看到自己训练的成果，增加训练的自信。同时教练可以对武术学习者的表现进行适当的评价，指出武术学习者在训练中的优缺点，让武术学习者明白自己的长处，也看到自己的缺点，从而在以后的训练中加以改正。

二、传统武术训练体系的发展

（一）传统武术训练的现状分析

当前，传统武术训练已经得到了一定的发展，并且取得了一定的成效，但不可否认的是其仍然存在着一定的问题，具体来说，主要有以下几个方面。

1. 重技能、轻理论

我国当前武术训练在发展的过程中，一直存在着这样的问题，即往往只对武术动作的指导与训练较为重视，却忽略了武术作用背后的形体实质。要知道，理论研究是使体能训练实践更加有效和科学的最有力保障。然而我们武术套路的理论体系建构却落后实践很多，这就难免延缓了武术套路体能训练的发展脚步，使得我们多年来依然停留在传统的柔韧训练、耐力训练、力量训练上，没有丝毫新的进展。要想冲破这种束缚，我们还得回到理论与实践并行的基础上，懂得取其精华去其糟粕与科学相结合的发展硬道理。另外，导致这一问题的原因主要有以下两点。

第一，一些武术教练自身的武术知识有限，无法对相应的武术作用的内涵进行有效的讲解。

第二，一些武术训练者自身对武术精神内涵的重要性没有充分的认识，有一些人还存在着只要学会了相应的武术动作套路就是完成了武术训练的学习的错误观念。

2. 重效率、轻素养

当前，我国的武术训练中普遍存在着重效率、轻素养的现象。具体来说，许多武术教练在进行武术教导的过程中，往往将训练者的武术成效作为关注的重点，如是否能够准确地记住武术的套路动作，是否能够在武术竞技中取得优胜等。

武术训练有着较强的目的性，在对武术训练者进行武术训练设计与指导的过程中，往往存有短时间内就要出武术训练成绩的想法，但是对武术训练者武术素养的培养方面却存在着较大的不足。这种不足，主要体现在“武德”教育方面。许多武术训练者对于传统“武礼”的理解与传承不足，造成自身素养的缺失。

3. 重竞技、轻普及

随着竞技体育的高速发展，我国的武术训练也不可避免地出现了“竞技热”的倾向。我国各个体校的武术训练目标也大多是围绕竞技比赛的目的来开展，我国的武术资源如武术人才、科研力量、教育支持等都流入武术竞技的领域中，对于武术训练的全民普及工作的开展相对不足，这使得普通民众能够接受正规武术训练的渠道变得狭小，而武术人员的竞技压力也在不断提升，从而导致过于追求竞赛成绩的功利化追求出现，这是与武术训练基本的突破自我、突破极限的训练目的相违背的。

除此之外，在武术竞技的大环境中，部分心理素质不强的武术训练者，在武术比赛失利后，较为容易出现自我放弃与自我否定的不良现象，这对于武术训练的正常开展是非常不利的。

（二）传统武术训练进一步发展的对策

针对传统武术训练当前的发展形势和存在的问题，需要采取一定的对策，从而保证中华武术训练的进一步发展。

1. 将武术理论与实践有机结合起来

在武术训练的过程中，要想将武术理论与实践有机结合起来，需要从以下几个方面入手。

第一，武术训练者要在学习基本武术动作的基础上，了解基本的武术理论。做到切实理解每个武术动作要点的内涵，从而使自身的武术作用的协调性得到有效提高。

第二，武术教练要通过各种方式和途径进一步积累自身的武术知识，做到对武术要领与武术内涵了然于心，然后选择科学合理的教学方式，对武术的内涵知识与武术的相应技巧进行传授，使自己的专业能力得到有效提升。

第三，各个武术类的科研机构与高等院校要进一步加强对武术理论的建设工作，使武术项目的教学体系更加趋于完善，建设出一支高素质的武术教学人才队伍，为国家与社会提供高质量的武术教育服务。

2. 将教练的主导作用与队员的自觉积极性相结合

教练在训练中起主导作用。教练是训练方案的实施者，对训练过程进行调节和控制。队员是训练的主体，队员的自觉积极性在教练的主导作用下充分发挥出来，明确训练目的，端正训练态度，主动认真地训练和锻炼，高质量地完成训练任务。

在整个训练过程中，教练和队员应是互为依存、相互促进的辩证关系。教练是知识、技能的传授者，必须满足队员训练的需要，并起着调动队员训练积极性的作用。没有教练的主导作用，就不可能完成训练任务。

队员是知识、技能的接受者，训练的结果最终要在队员的训练效果上体现出来。只有在训练中充分发挥队员的内因作用，才能更好地完成训练任务。如果缺乏队员的自觉性和训练积极性，就不能顺利完成训练任务。因此，教练的主导作用和队员的自觉积极性是提高训练质量和完成训练任务的前提条件。

3. 使武术效率与武术素养的齐头并进得以实现

中华武术训练中，要想使重效率、轻素养的不良现象得到有效改善，需要从以下几个方面着手进行。

一方面，国家要进一步加大对“武德”“武礼”的宣传力度，让武术蕴含的深刻精神内涵，如勇于拼搏、坚持不懈、永不放弃、吃苦耐劳等优秀的传统文化在民间武术的发展中得以推广，让人们对武术、“武德”“武礼”有更加深入的了解，在武术训练的过程中完成心智的磨炼。

另一方面，作为培育武术人才的摇篮，学校在武术教育中具有非常重要的作用，因此，学校要进一步加强对武术学习者的“德育”工作，让更多的青少年能够了解与学习武术精神，在武术竞技的过程中，以“礼”为先，这样不仅能够将自己的武术技能展现出来，同时也能够将自己的武术修养显示出来，在以技服人的同时，更要以理服人，彰显出中华民族泱泱大国的风范。

4. 对竞技武术与民间武术的协同发展起到积极的促进作用

在当前武术竞技蓬勃发展的过程中，中华武术训练对竞技武术与民间武术的协同发展也要加以重视。在武术竞技朝着高、精、尖方向发展的同时，也要将武术训练的全民普及化进一步推动起来，将武术训练的大众健身性作为关注的重点，让武术强身健体的功能性得到更好发挥。以不同人群的身体素质特点为主要依据，进行以健康为目的的武术训练。比如，对于身心快速发展的青少年群体，应该多进行拳术套路、基础机械等武术基本功和实战对练的训练；而对于中老年人，则要以太极拳等一些动作平稳、养气吐息的武术训练为主。同时，高校武术专业、民间武术团体、国际武术协会等应该加强交流，以开放的心态看待武术的成长，在交流中共同促进，从而使武术训练的多样性与丰富性得到有力保证。

第二节　传统武术竞赛体系的建设与发展

一、武术竞赛的概念

围绕武术运动开展的各种运动竞赛，就是武术竞赛。武术竞赛的内容主要包括两个方面，即武术套路竞赛和武术对抗比赛。对于中华武术来说，其本身具有显著的娱乐性、竞技性和观赏性等特点，而这些特点主要从武术竞赛上得到较为集中的体现，可以说，武术竞赛是各个流派和拳种展现自己独特魅力的竞技场，同时也是我国传统武术发展进程中重要的传承方式，要对此加以重视。

二、武术竞赛项目分类

（一）个人项目

1. 传统拳术

①太极拳类：陈式、杨式、吴式、武式、孙式、和式等其他传统太极拳，42 式太极拳、陈式、杨式、吴式、武式、孙式等规定套路均归为传统项目。

②南拳类：咏春拳、五祖拳、蔡李佛拳、虎鹤双形拳、地术拳等。

③其他拳术类：形意拳、八卦掌、八极拳、通臂拳、翻子拳、地躺拳、象形拳、查拳、花拳、炮拳、红拳、华拳、少林拳、武当拳、峨眉拳等其他单项拳种的传统拳术。

2. 传统器械

①软器械：九节鞭、双节棍、三节棍、流星锤、其他软器械等。

②单器械：刀、剑、棍、枪、朴（大）刀、扇子、匕首、鞭杆、杖、棒、拐、铲、叉、太极剑（含 42 式太极剑）、太极刀、太极枪、南刀、南棍、其他器械等。

③双器械：双刀、双剑（含长穗双剑）、双鞭、双钩、双匕首、其他双器械等。

（二）对练项目

对练是两人或两人以上，按照预定的程序进行的攻防格斗套路。其中包括徒手对练、器械对练、徒手与器械对练等三种练法。

①徒手对练：运用踢、打、摔、拿等方法，按照进攻、防守、还击的运动规律编成的拳术对练套路，有对擒拿、南拳对练、形意拳对练等。

②器械对练：以器械的劈、砍、击、刺等技击方法组成的对练套路，主要有长器械对

练、短器械对练、长与短对练、单与双对练、单与软对练、双与软对练等多种形式。

③徒手与器械对练：一种使用手，另一种是持器械进行的攻防对练套路，如空手夺刀、空手夺棍、空手进双枪等。

（三）集体项目

集体项目是集体进行的徒手、器械或能手与器械的演练。在竞赛中通常要求六人以上，可变换队形、图案，也可用音乐伴奏，要求队形整齐、动作协调一致。搏斗运动，是两人在一定条件下，按照一定的规则进行斗智较力的对抗练习形式。武术竞赛中正在逐步开展的有散手、推手、短兵三项。

①散手：两人按照一定的规则使用踢、打、摔、拿等方法制胜对方的竞技项目。

②推手：两人遵照一定的规则，使用掤、扳、捋、按、采、挒、肘、靠等手法，双方粘连黏随，通过肌肉的感觉来判断对方的用劲，然后借劲发力将对方推出，以此决定胜负的竞技项目。

③短兵：两人手持一种用藤、皮、棉制作的短棒似的器械，在约 5.3 米直径的圆形场地内，按照一定的规则。使用劈、砍、刺、点、斩等方法进行决胜负的竞技项目。

三、传统武术竞赛的管理

关于传统武术竞赛的管理，主要包括以下几个方面的内容。

（一）竞赛组织机构

1. 竞赛委员会

根据不同的比赛规模，可设立竞赛委员会、竞赛部或竞赛处，由若干负责竞赛业务的行政人员组成，在大会组委会统一领导下，负责整个大会的竞赛组织工作。

2. 竞赛监督委员会

竞赛监督委员会不直接参与仲裁委员会和裁判人员职责范围内的工作，不干涉仲裁委员会、裁判人员正确履行自己的职责，不介入裁决结果的纠纷，不改变裁判人员、仲裁委员会的裁决结果。

①组成：主任、副主任、委员。

②职责：a. 竞赛的监督机构；b. 监督、检查仲裁委员会的工作；c. 监督、检查裁判人员的工作；d. 监督、检查参赛运动队的比赛行为；e. 有权对违纪的仲裁人员、裁判人员和运动队的相关人员做出处罚。

3. 仲裁委员会

①组成：主任、副主任、委员。

②职责：a. 接受运动队的申诉，并及时做出裁决，但不改变裁判结果；b. 仲裁委员会会议出席人员必须超过半数，表决时超过半数以上做出的决定方为有效，表决投票相等时，仲裁委员会主任有决定权，仲裁委员会成员不参加与本人所在单位有牵连问题的讨论与表决；c. 仲裁委员会的裁决为最终裁决。

4. 裁判人员的组成

（1）执行裁判人员的组成

①总裁判长 1 人、副总裁判长 1 ~ 2 人。

②裁判组设裁判长 1 人、副裁判长 2 人。

③ A 组评分裁判员 2 ~ 3 人；B 组评分裁判员 2 ~ 3 人；C 组评分裁判员 2 ~ 3 人。

④编排记录长 1 人。

⑤检录长 1 人。

（2）辅助工作人员的组成

①编排记录员 3 ~ 5 人。

②检录员 3 ~ 6 人。

③宣告员 1 ~ 2 人。

④放音员 1 ~ 2 人。

⑤摄像员 2 ~ 4 人。

5. 执行裁判人员的职责

①总裁判长：组织领导各裁判组的工作，保证竞赛规则的执行，检查落实赛前各项准备工作；解释规则，但无权修改规则；在比赛过程中，根据比赛需要可调动裁判人员工作，裁判人员发生严重错误时，有权处理；审核并宣布成绩，做好裁判工作总结。

②副总裁判长：协助总裁判长的工作；在总裁判长缺席时，代行其职责。

③裁判长的职责：组织本裁判组的业务学习和实施裁判工作；参与 B 组裁判的评分，并负责运动员比赛套路创新难度的加分；执行比赛中对套路时间不足或超出规定的扣分；裁判员发生严重的评判错误时，可向总裁判长建议给予相应的处理。

④副裁判长的职责：协助裁判长进行工作；第一副裁判长参与 A 组裁判的评分；第二副裁判长参与 C 组裁判的评分。

⑤裁判员的职责：服从裁判长的领导，参加裁判学习，做好准备工作；认真执行规则，独立进行评分，并作详细记录；A 组裁判员负责运动员整套动作质量的评分；B 组裁判员负责运动员整套演练水平的评分；C 组裁判员负责运动员整套难度的评分。

⑥编排记录长的职责：负责编排记录组的全部工作，审查报名表、套路难度登记表，并根据大会要求编排秩序册；准备比赛所需表格，审查核实比赛成绩及排列名次；编排成绩册。

⑦检录长的职责：负责检录组的全部工作，如有变化及时报告总裁判长和宣告员。

6. 辅助工作人员职责

①编排记录员的职责：根据编排记录长分配的任务进行工作。

②检录员的职责：按照比赛顺序及时进行检录，并检查运动员器械、服装，将比赛运动员带入场后，向裁判长递交检录表。

③宣告员的职责：向观众介绍上场运动员，报告比赛成绩，介绍有关竞赛规程、规则和比赛规模、项目的特点及武术套路运动的知识。

④摄像员的职责：对全部竞赛项目进行现场摄像；按照仲裁委员会、竞赛监督委员会的要求，负责播放相关项目录像；全部录像均应按大会规定予以保留。

⑤放音员的职责：配乐项目比赛第一次检录时，负责收取音乐带或光碟，根据比赛出场顺序进行编号；运动员站在比赛场地 3 秒钟后，开始放音；比赛时不得将音乐带或光碟转借他人或复制，比赛结束后及时将音乐带归还运动队，不得丢失。

（二）竞赛管理常规文件

1. 竞赛规程

竞赛规程是指运动竞赛的法规性文件，是竞赛工作的重要依据。竞赛规程要提前发给有关单位，以便各单位做好比赛前的准备工作。在拟定竞赛规程，考虑每项竞赛的具体办法时，应立足于吸引更多的人参加竞赛，同时也要鼓励其创造最佳成绩。因此，应根据竞赛的具体任务和要求灵活地运用分组、竞赛和评定名次的方法。竞赛规程的内容一般包括以下几个方面。

①竞赛（运动会）的名称。

②举办竞赛的目的、任务和要求（或总则）。

③竞赛日期及地点：要根据竞赛的性质规模、参加人数、场地、设备、项目、季节性等特点来确定。

④参加单位：根据竞赛任务或性质确定参加单位，在学校竞赛中一般以学院、系或班级为单位参加。

⑤竞赛项目：明确规定竞赛项目或表演项目。

⑥参加办法：根据竞赛的规模和性质，规定各单位参加的总人数（运动员、领队、教练员、工作人员等）、每个项目的规定参加人数、年龄组划分（级别组）运动员年龄、报到日期及地点等。

⑦竞赛方法：根据竞赛任务、时间、参加队的数量确定竞赛的方法、评定竞赛成绩和名次的方法以及采用的竞赛规则等。

⑧奖励办法：根据大会要求，在竞赛成绩的基础上确定奖励名额（如前六名、前八名

或前十名等）、奖励方式（如物质奖及荣誉奖等）。

⑨特别规定及注意事项：如运动员的报名成绩、运动服装的规定、各单位旗帜的样式及大小、号码顺序及尺寸、食宿标准、自选动作的要求等。

2. 竞赛秩序册

竞赛编排工作是保证竞赛秩序，实施竞赛计划的重要环节之一，而竞赛秩序册正是竞赛编排工作的文字体现。综合性运动会在各单项竞赛秩序册的编制基础上汇编总秩序册，单项赛事则只需编制单项竞赛秩序册。竞赛秩序册一般由竞赛承办单位负责编制，由主办单位进行审定。竞赛秩序册的主要内容一般包括但不限于以下内容。

①竞赛名称。

②竞赛日期和地点。

③主办单位。

④承办单位。

⑤竞赛组织结构图。

⑥竞赛规程和补充规定。

⑦组委会及各部、室人员名单。

⑧各场馆、竞委会和仲裁委员会主任及裁判长名单。

⑨参赛单位名单。

⑩竞赛总日程表。

⑪单项竞赛日程表。

⑫竞赛相关活动日程表。

⑬竞赛场馆分布示意图。

⑭世界、亚洲及全国纪录表。

（三）竞赛场馆、设备与器材

场馆、设备与器材是实现竞赛管理必备的物质条件。场馆包括竞赛场地、训练场地和备用场地。场馆的功能性设备主要包括指挥高度系统、竞赛显示及控制系统、计时计划及竞赛成绩处理系统、仲裁录像系统、网络与通信系统、计算机信息系统、现场录像采集及回放系统、消防报警系统、温控系统等。

场馆的功能性用房主要包括技术代表室、技术官员室、兴奋剂检查站、医疗室、运动员休息室、运动员更衣室、录像控制室、计算机与计时记分控制室、新闻中心、颁奖仪式预备室、贮藏室等。

并非所有的赛事都需要具备以上所列的设备及全部功能性用房，不同赛事对于场馆、设备与器材具有不同的需要。在选择场馆及设备时需要综合考虑竞赛需要及成本，要尽力达到主办单位规定的标准和要求是选择场馆及设备的最低限度。比赛器材的采购、安装与调试要按照主办单位要求的规格、数量、型号及进度进行，对于器材使用、保管、分配以及赛后处理要及早做出方案。必要的器材需要器材供应商派出员工提供现场服务，以保证赛事安全进行。

四、传统武术竞赛体系的发展

（一）传统武术竞赛的现状分析

作为中华民族传统文化中的一部分，武术也是中华民族千年来与自然斗争和社会变迁的结晶。随着中国社会的发展而发展，中华武术也得到了一定的发展和进步，但是也存在着以下几点问题。

1. 传统武术人才培养体系不完善

当前，传统武术在我国开展得如火如荼，各种以传统武术为主的交流比赛及其他与武术竞赛有关的活动也在国家和地方政府的支持与帮助下得到成功举办。其中，具有代表性的有国际螳螂拳交流比赛、国际形意拳交流比赛、传统武术功力大赛、郑州国际少林武术节、焦作国际太极拳年会等。这些比赛以及武术学术交流活动的开展，不仅使传统武术在国内外的影响力得到了进一步的提升，也对传统武术及其竞赛的发展起到了积极的促进作用。

但是，传统武术在其他方面的开展途径几乎没有，因此可以说，传统武术人才培养的途径较为单一。

另外，传统武术人才培养的管理体系在系统化方面较为欠缺，存在着经验不足、人才培训计划不够健全等问题，这就将传统武术人才培养体系不够完善的问题充分体现了出来。具体来说，传统武术人才培养体系的完善程度较低，主要表现在三个方面。

首先，在武术训练的后备人才、教练员、相应教材方面，是较为欠缺的。

其次，在武术训练理论体系和实践操作环节所用到的教学方法较为传统，并且千篇一律，没有遵循区别对待的原则。

最后，武术训练机构或训练中心较为欠缺，没有为传统武术的训练与发展创造良好的条件和环境。

2. 竞赛宣传力度不够

目前，我国的各级各类体育运动竞赛非常丰富，并且，在竞赛举办之前，往往都会有相应的宣传，但是，对于传统武术竞赛来说，其不管是在媒体宣传力度方面，还是大众关注度方面，都远远低于其他运动项目。在这样的背景下，传统武术竞赛的影响力对于普通大众是非常有限的，只限于武术界的业内人士，由于在媒体宣传和相关支持方面较为欠缺，导致传统武术竞赛消息传播不顺畅，一些武术人才甚至对历年、历届的赛事举办情况都不了解。

相较于其他体育竞赛来说，传统武术竞赛宣传力度较小，人们对其的关注度较小，影响力也较小，从而直接导致了武术竞赛在吸收赛事赞助方面也相对较差，由于缺乏良好的经济条件支持，传统武术竞赛的发展难度进一步加大。

3. 国内外武术竞赛标准没有实现统一

当前，国内外武术竞赛标准不统一，这主要表现在竞赛规则与竞赛内容两个方面，具体如下。

首先，在竞赛规则方面，国内外武术竞赛规则存在着一定的差异，主要表现为没有统一的评判尺度，这就在一定程度上制约了武术竞赛的进一步发展。

其次，在竞赛内容方面，国际竞赛共设男女竞赛项目 20 项，且均为规定套路；而我国全国武术套路竞赛共设男女竞赛项目 22 项，多为自选项目，充分体现了国内外传统武术竞赛内容的不统一。

从某种程度上来说，国内外武术竞赛标准没有实现统一，对于武术的国际化发展，以及武术项目进入奥运会都会产生不利的影响。

4. 武术竞赛规则可操作性有待提高

经过不断发展，武术的竞赛规则已经经历了一个不断改进、完善的过程，这也是武术发展的一个重要标志。尽管如此，武术竞赛规则还不够完善，需要进一步改进。从当前的形势来看，武术竞赛规则和评价体系的复杂程度越来越高，但是可操作性方面却还是相对较差。对于一般的武术教师、教练来说，他们对武术竞赛规则的认知程度较低，即使是专业的裁判员也需要经过专业培训才能上岗，在传统武术竞赛中，选手扫转度数的确定、击响高度的确定、难度动作的认定等，需要裁判员瞬间的肉眼观察进行评判，不同裁判之间评判偏差非常大。因此可以说，武术竞赛的发展在一定程度上受到这种较差的操作性的影响和制约。

（二）传统武术竞赛的路径走向

1. 传统武术赛事路径前提

武术以其博大精深的技术体系和源远流长的文化内涵而闻名于世，稍加改造与包装即可使武术比赛成为雅俗共赏的文化娱乐产品，具有深刻的人文烙印。

（1）以丰富的理论研究为前提

目前，武术赛事的路径走向较为宽泛，也一直保持着粗放型的发展模式。虽然竞技武术、传统武术和对抗类赛事各自都有前进的方向和空间，但遭遇的困惑和瓶颈也与日俱增。

当面对发展中的困惑而寻求解决的方式时，才发觉武术赛事的理论研究相对于实践而言存在着一定的滞后性。虽然很多固定人群长期从事着武术赛事活动，但真正运用赛事理论进行深入研究的人员还比较匮乏，武术赛事所蕴含的文化底蕴还没有得到很好的挖掘和整理。各级相关行政主管部门应提高认识，建立专门的武术赛事研究平台，吸引对武术赛事研究有兴趣、有特长的各方面人才进行开放式、多层次的研究，指导武术赛事实践朝着更为理性的轨道有序发展。

（2）以愉悦的精神享受为前提

随着人们物质生活水平的不断提高，日益增长的精神文化需求更为强烈，人们需要通过调节情绪、愉悦身心、陶冶品性等手段来获得精神上的享受。另外，由于社会竞争日益激烈，工作压力增大，人们通过观赏高水平的武术竞赛，可以缓解工作和生活上的压力，使精神得到放松。这正是当前武术赛事深受大众欢迎的前提，在日益丰富的文化娱乐享受中，能刺激受众的心理，提供愉悦的精神享受，是应对当前文化冲击，进而得以发展的根本。

观众除对比赛过程中参赛者技术的发挥感兴趣外，还追求赛场整体的情绪感，有时甚至要超过比赛过程中的身心体验。21 世纪处处充满着竞争，有强者有弱者，正如武术赛事中的胜者与败将，他们的成败都能激发出观众的共鸣。观众往往将自身融入整场比赛，伴随着肢体碰撞的声音、血与汗的交融，直接刺激着观众肾上腺素的分泌，得到前所未有的刺激感，进而通过现场热烈的气氛宣泄自身不良的情绪，缓解内心的压力，得到身心愉悦的满足感。

2. 传统武术赛事路径基础

（1）以忘我的参与体验为基础

武术赛事的观众以年轻人和中年人居多，由于武术多年根植于中国传统的文化之中，早已成为人们喜闻乐见的民族传统体育项目。加之武术技术又是人体格斗技能的展示，他们在欣赏比赛的同时，还将亲身参与其中，学习防身自卫的技能。

（2）以树立品牌文化为基础

赛事的本质是活动，其核心内容是运动竞赛；品牌的本质是符号，核心内容是顾客认同的品牌文化。武术本身就是种文化符号，在大众的心目中已经形成了基本的品牌意识，但目前的武术赛事却没有在此基础上形成品牌文化。

树立武术赛事的品牌就要从观众的需求入手，对现有的武术赛事从核心价值观、独特的技能、公正的规则、人才的储备、赛事的组织、成熟的市场 6 个方面进行全方位的改造，使人们通过观看武术竞赛，能够联想到它所蕴含的传统文化内涵，加深品牌文化的认同感，形成关注武术赛事的内在驱动力，从而创造武术赛事更大的社会效益和经济效益。武术赛事能否逐步形成国际知名的文化品牌，是衡量我们的民族文化是否具有强大而持久的国际影响力的重要标准。

3. 传统武术赛事路径延伸

武术赛事作为一种文化产业具有可循环、再发展的特点，其发展路径理所当然也需要丰富的延伸作为支撑。武术赛事深厚的文化根源和瞬息万变的赛事进程，也使得观众能够得到更为强烈的满足感和期待感。

（1）惊喜的竞猜感受为延伸

正如所有的现代体育项目一样，在比赛结束前我们无法预知最终的结果，这种不确定性正是体育比赛的魅力所在，也是吸引大众参与其中的重要因素。目前的武术比赛以武术散打、武术套路、太极推手和功力大赛为主，其中由于散打运动与生俱来的高度对抗性和悬念性使得竞猜具有更大的拓展空间。

运动员技战术的运用、教练员的指导、对手的发挥、裁判的判罚甚至是现场观众的情绪等因素，都会对比赛的最终结果造成一定的影响。比赛结果的悬念性犹如一根紧绷的弦贯穿赛事的始末，牵动着观众的神经。

（2）感性的心灵归属为延伸

主客队的比赛方式和明星的出场是吸引大量观众关注体育赛事的重要因素之一，他们为自己喜爱的运动队和明星加油助威，尤其是在有自己国家或家乡的运动队和明星出场的赛事中表现得更加明显。这说明体育比赛具有较强的地方主义色彩，其根源在于“地缘亲情”，武术也不例外。

中国人始终将武术作为一种精神寄托甚至是一种民族感情的集合。近些年的中泰、中日、中美等对抗赛就反映出了这种情况，异常火爆的爱国热情一浪高过一浪，有力地证明了中国人对于武术这项赋予自身强大精神力量的运动所怀有的那份与生俱来的热爱与归属感。

4. 拓展赛事系统产业为延伸

我国幅员辽阔、民族众多，武术内容丰富多彩，武术赛事作为土生土长的民族体育文化产品，可以有多种发展路径选择，以适应现代社会的发展和人们的需要。武术可以通过尝试开发不同形式的赛事，拓展其多样化发展路径，如已经尝试过的万人太极拳比赛、传统武术功力大赛、武术与段位制相结合的比赛，还有武术与表演艺术相结合的赛事等。通过不同形式的比赛展示武术独特的运动技能和文化特色，体现民族体育的精神与追求，满足老百姓的体育欣赏与文化需求，繁荣中国体育比赛的市场。

第六章 传统武术文化传承与发展的理论探索

传统武术需要不断地创新与发展，只有这样才能永葆活力，才能屹立于世界武术之林。传统武术作为中华民族传统文化的重要组成部分，经历了几千年中华文化的浸润，蕴含着丰富的文化内涵，是中华民族特有的传统体育形式。传统武术有其特有的适应性，因而能够随着时代的进步而不断成长与发展。本章就将通过对传统武术文化传承的理论探索和传统武术文化发展的理论探索两方面进行较为详细的阐述。

第一节 传统武术文化传承的理论探索

一、传统武术文化传承的理论研究

（一）文化传承的概念

人类的存在与发展离不开文化传承。《中华大字典》中对传承的解释是传授及继承。也就是说，传承包括传与承两个方面，二者是一个连续的过程。再来看文化传承，从人类共同的生存和发展角度来说，文化传承其实就是文化的再生产，是民族群体的自我完善，是社会权利与义务的载体，是民族意识的深层次积累，是纵向的文化基因的复制。人类文化始终处于积累和发展过程中。文化传承的核心是文化的民族性，每个民族都有其独特的文化，通过文化传承，实现民族要素的积累和整合，最终发展成稳定的人类共同体。文化传承不是个体行为，而是社会群体行为，是世世代代的社会群体不断进行文化传承与积累，再传承再积累的发展过程，最终实现民族群体的自我完善。我国的传统武术在数千年的历史进程中，积累了丰厚的文化内涵，成为一种博大精深的民族传统文化。传统武术文化的传承，其实就是一种民族文化的再生产和再创造。

（二）传统武术文化传承的原则与模式

1. 传统武术文化传承的原则

（1）客观性原则

传统武术文化传承的首要原则就是客观性。在传承实践中，有的武术馆校传播的内容不切实际，导致其生源越来越少，影响传统武术的传承和发展。

（2）古已有之原则

古已有之的事情具有一定的合理性与合法性。传统武术文化的传承也要遵循古已有之的原则，追根溯源，理清自己的脉络，找到自己的位置。

（3）文化性原则

传统武术在传承过程中，一般会遵循以德为先、注重传承人的悟性和拜师程式，这就是比较完整的文化空间。只有有了完整的文化空间，传统武术文化才会源远流长。

（4）循序渐进原则

循序渐进是文化传承的基本规律，传统武术文化的传承也要遵循该规律。比如，传统武术要成为教育领域的内容，就要经历小学、中学、大学逐步渐进的学习过程。

2. 传统武术文化传承的模式

各种文化的获得都离不开教育，传统武术文化也一样。传统武术文化的传承就是一种教育活动的开展，只不过这种教育活动比较独特而已。通过教育，传统武术的技术和文化才能够保存和发展。

传统武术进入教育领域之后，应使其教育过程成为文化的解读过程，除了有健身、娱乐和休闲层面，还要有文化传承和审美层面，使传统武术教育集文化、艺术、体育于一身。现如今，传统武术教育首先是民族文化的熏陶和教育，然后是民族文化的学习和积累。

（三）传统武术文化传承的意义

传统武术传承的意义是指武术传承活动所具有的能力及其对人和社会所起的作用和效能。实际上，文化传承是文化的内在属性，是人类社会不间断发展的内在要求。人类社会组织和结构的发展与完善，离不开民族文化的传承，离不开精神文化传承的社会维系。更为重要的是，民族文化传承还通过对社会个体的权利和义务的确认、调整，实现对社会群体的约束和控制，实现社会组织结构的生产和再生产。

具体来说，武术文化传承的意义有以下几方面。

对武术传承文化意义进行理解首先要明确武术自身的文化性。首先，武术本身就是一种文化。当今世界，像我国武术这样拳种丰富、流派众多的文化形态是极其罕见的。只有在我国传统文化的背景下，才能产生这样丰富多彩的技击艺术。这种特殊性形成了武术的文化性，使武术成为中华民族的象征之一。其次，传统武术蕴涵了丰富的中国传统文化基因。传统武术在其形成发展过程中经过了中国传统文化的熏陶，并在其氛围中产生发展和成熟，成为我国传统文化的载体，而附着在其身的文化以技术为载体在武术传承的过程中实现了自身的发展。此外，武术传承对武术文化本身的发展也是至关重要的，这是传统武术经久不衰的重要原因之一。从文化传承的角度来看，传统武术传承主要有以下三方面的功能。

其一，促进武术技术与武术文化的发展。武术传承的重要功能是承接和传载文化。它可以将武术技术和武术文化继承并传播下来，使之世代相传并与其他文化相互作用。不论是拳种流派的纵向传播，还是横向传播，都使武术技术与文化得到了流传与保存。

其二，促进武术拳种流派的交流和新拳种的产生。武术传承能促进不同拳种流派的技术与文化交流，在这种交流中产生新的拳种或流派。如太极拳在传承过程中产生了陈氏、杨氏、吴氏、孙氏、武氏等不同流派，南拳中蔡拳、李拳、佛拳在传承中形成蔡李佛拳，等等。总之，武术在传承过程中逐渐形成了不同的流派和拳种，这是武术适应社会发展需要的表现。在武术文化传承的过程中，只有不断创新，才能够适应社会的发展。但其根本要求是，创新不能远离传统或失去传统。

其三，促进民族传统文化的发展繁荣。传统文化是一个民族的重要特征，也是构成民族的核心要素，民族文化的传承则是民族共同体形成和发展的重要机制。一方面，共同的民族文化不仅是民族共同体可以识别的符号，也是这个共同体存在和发展的精神维系。只有通过文化传承，才能实现这种维系民族共同体的精神文化的发展，民族共同体的延续才不会中断。另一方面，民族文化的深层次结构构成文化的核心，这一核心联系着民族的深层次心态结构和认同意识。只有通过民族文化的心理传承，才能使这些民族的核心要素有机地融入每一个成员的内心意识之中，也才能使民族文化的精神维系化作一种稳定而持久的、自觉的民族认同感和内聚力。所以，民族文化传承中的深层次心理传承，是民族共同体不断发展、不断壮大的内在动力。

每一个民族的传统文化都具有传递和延续民族生命力的传承价值和功能，而其文化传承对于该民族的社会组织的发展、社会结构的完善和整合有着极其重要的作用。因为一个民族的传统文化是该民族成员世代传承续沿的共识文化符号，可以推动和形成该民族共同体的民族凝聚力和向心力，传统武术是中华民族文化遗产的重要内容，是我国民族文化乃至世界文化发展中的一朵奇葩。因此，实现传统武术项目的拓展和延续成为中华民族文化事业和社会发展的一个重要动力。

二、传统武术的传承方式与文化空间

（一）传统武术传承的方式

1. 传统武术传承的途径

一般而言，传统武术传承的途径有四种，即群体传承、家庭传承、社会传承和学校传承。

（1）群体传承

传统武术的群体传承，指的是众多社会成员共同参与的传承，在传习某种形式的传统武术之基础上，对该种传统武术进行创新与发展。如太极拳，在群体传承的作用下，太极拳的技术和理论体系日益完善。在太极拳的发展演变过程中，有许多人做出了巨大的贡献。传统武术中的各种礼仪制度和规章戒律也是通过群体传承而不断发展的。在我国的传统武术门类中，有许多门类都来自群体智慧，又经过群体传承的途径流传至今。群体传承又可细分为技艺传承和观念传承。

（2）家庭传承

传统武术的家庭传承又称师徒传承，是指在家庭或家族范围内进行的传授和修习，从而实现某种形式传统武术的继承。当然，这里的家庭传承不是局限在血缘关系里的家庭传承，也包括没有血缘关系的师徒，师徒传承是对家庭传承的拓展。家庭传承在传统武术传承中至关重要，是传统武术传承的主要途径。家庭传承途径的发展并非偶然，与中国传统文化思想紧密相连。中国人非常重视家庭，常常用家庭关系或类似家庭关系来处理人与人之间的关系，促使了以家庭为单位的生产组织形式得以存在和发展。家庭传承具有封闭性、凝聚性和选择性的特点：封闭性体现在对家庭之外的人员具有相当的文化排他性；凝聚性体现在以师父为重心，形成一个富有凝聚力的团队；选择性体现在“传男不传女”“立贤不立长”等方面。

（3）学校传承

传统武术的学校传承是一种新的传承途径，指的是传统武术正式成为校园教育内容的一部分。跟家庭传承相比，学校传承的传承面明显扩大，有利于发现杰出的传承人。国家和政府需要提高对学校传承的重视程度，对传统武术的教育内容进行完善和发展，为传统武术的学校教育提供优良的条件。

（4）社会传承

社会传承是传统武术传承的重要途径。社会传承的关键是要营造良好的传统武术文化氛围，比如，利用书、报、刊及影视等各种媒介进行宣传和教育，让更多在传统武术领域的有志之士能够学习、欣赏和感受传统武术。毋庸置疑，媒体对社会传承途径起着非常重要的作用。

2. 传统武术传承的方式

传统武术传承的方式主要有三种，即口传心授、身体示范和观念影响。

（1）口传心授

口传心授传承方式包括两个层面，即口传和心授。口传注重的是模仿练习，是传统武术的表现手段和演练技巧；心授注重的是“悟”，是在习武实践中只可意会不能言传的东西。

（2）身体示范

身体示范即言传身教。传统武术构成比较复杂，各种套路演练、实战击技等只有通过形体动作才能清晰地表现其中的方法。传统武术教师的身体示范和手把手教练是非常重要的。

（3）观念影响

传统武术的观念影响有两个层面，一是宏观层面，二是微观层面。在宏观层面，传统武术界的道德风气会对习武者产生观念影响；在微观层面，传统武术的教习师父通过训诫、启发、以身作则等方式，把道德规范传输给徒弟，对徒弟产生观念影响。

（二）传统武术传承的文化空间

1. 文化空间的概念

文化空间是联合国教科文组织在保护非物质文化遗产时使用的一个专有名词，指人类口头和非物质遗产代表作的形态和样式。联合国教科文组织在1998年颁布的《人类口头和非物质遗产代表作条例》中，把人类口头和非物质文化遗产划分为两大类：一类是民间传统文化表现形式，如音乐、舞蹈、神话、礼仪、手工艺等；另一类则是文化空间，文化空间在该条例中的解释是非物质文化遗产的重要形态。

2003年联合国教科文组织正式通过的《保护非物质文化遗产公约》中，对人类非物质文化遗产做了新的分类，也就是目前各国都在使用的五大分类法：一是口头传说和表述为首类，包括作为非物质文化遗产媒介的语言；二是表演艺术；三是社会实践、意识、节庆活动；四是有关自然界和宇宙的知识和实践；五是传统手工艺。在这里，虽然没有出现文化空间这一待定的非物质文化遗产现象，但并不代表文化空间就不存在了。联合国教科文组织在2001年公布的第一批19种人类口头和非物质遗产代表作中，就有5种属于文化空间。

2005年，我国《关于加强我国非物质文化遗产保护工作的意见》之附件《国家级非物质文化遗产代表作申报评定暂行办法》中，把文化空间作为联合国教科文组织规定的五类之外的第六类非物质文化遗产。该文件对文化空间进行了这样的定义：“定期举行传统文化活动或集中展现传统文化表现形式的场所，兼具空间性和时间性。”

作为非物质文化遗产的重要表现形式，文化空间有其存在的核心价值，即完整、综合、真实、生态、生活地呈现了非物质文化遗产。对非物质文化遗产的保存并非易事，而其基本模式是对文化空间的传承与保护。

2. 传统武术传承的文化空间

从上述文化空间的定义可知，它是有价值的传统文化活动和民间文化活动的空间和时间的总和。传统武术是我国传统文化的代表之一，我们应该保护其有价值的文化空间。例如，少林功夫是我国传统武术的项目之一，加之特定的佛教文化环境与僧人习武就是一个文化空间，相比只对少林功夫的保护，对这一文化空间进行整体保护将更加符合非物质文化遗产的现象与实际。由此看来，传统武术的文化空间，可以看作是一种传统武术全部内容和形式的整体传承。

整体传承是传统武术文化传承的要求，就是说要保护传统武术的全部内容和形式。作为我国传统文化的代表之一，传统武术文化的传承意味着民族文化的血脉相传，不管是对文化界还是对武术界来说，都是非常重要的事情。文化空间概念的提出，使得我们在传统武术传承与保护的认识上有了新发展，像传统武术中的师徒传承就可以当作文化空间来认识。

相对于竞技武术的迅猛发展，传统武术在现代社会中逐渐边缘化，急需传承与发展。我国传统武术文化的传承是全面的和整体的，传统武术技术的传承只是传统武术文化传承的部分。所以，在研究传统武术文化传承时，必须重视文化空间这一概念的引入。从一定意义上讲，只有传承了传统武术存在的文化空间，才能实现对传统武术文化的传承。

3. 传统武术文化空间的保护

就传统武术而言，首先“作为一种文化的真实存在，其不但属于时间范围的历史范畴，也属于空间范围的地理范畴”。也就是说，传统武术的存在首先有其“物理空间”，或者说是物理的“场”，其实也是指的传统武术生存的地域环境，因为“就一个民族来说，每一个民族大都有自己特定的生活和活动的地域，该地域的自然环境对该民族有很大影响，进而会在此基础上形成该民族的文化特征。通常，非物质文化遗产都是在一定的地域产生的，与该环境息息相关，该地域独特的自然生态环境、文化传统、宗教、信仰，生产、生活水平，以及日常生活习惯、习俗都从各个方面决定了其特点和传承，既典型地代表了该地域的特色，是该地域的产物，也与该地域息息相关；离开了该地域，便失去了其赖以存在的土壤和条件，也就谈不上保护、传承和发展”。地域环境的不同恰恰造就了多种多样的传统武术。

如齐鲁武术中的螳螂拳，中州武术中的少林武功、陈式太极拳、苌氏武技，岭南武术中的广东南拳、蔡李佛拳、咏春拳，以及东枪西棍、北弓南弩等都具有不同的地域文化内涵和特点。在传统武术的传承中，我们应当注意到传统武术的地域性特点，加强对传统武术原生态的保护与研究。在传统武术生态保持较完整并具有特殊价值的村落或特定区域（如陈家沟、嵩山少林寺、孟村），要进行动态整体性的保护，力图将传统武术放在原有的文化空间中形成“原生地”“原生态”“原真性”的“三原”保护特色。

另外，多种多样的传统武术是在不同的地域环境中形成并发展起来的，除了具有鲜明的地域性特点，这一地域的文化传统、宗教、信仰，生产、生活水平，以及日常生活习惯、习俗都从各个方面决定了其特点和传承，如少林功夫作为武术的代表项目之一，其核心内容绝非几百种拳术套路与功法。其1500年的历史，加之嵩山少林寺这一特定的佛教文化环境与僧人习武，就是一个别具特色的文化空间。对这一文化空间进行整体保护比仅对少林寺武术进行技术保护更全面、更符合非物质文化遗产的保护实际。依此类推，武当武术、洪洞通背拳、山西形意拳等都可以作为文化空间进行保护。

此外，武术的师徒传承与身传心授亦应作为武术传承的文化空间认识。师徒传承是武术文化空间的重要内容。从“择徒拜师”到“登堂入室”，本来就是一个具有特色的武术文化空间，这一整体的文化空间都是保护的范畴。程大力教授认为，武术保护工作保留传统武术原有的承传方式十分重要，他指出，保留传统武术的承传方式、理论体系、技术体系、选材方式、训练方法、礼节仪式、组织形式等原有的形式和内容，都是传统武术工作的重要部分。传承教授传统武术不能脱离传统文化氛围和背景。传统武术的原有系统和体系只能维护不能破坏。正是这些历史的、地理的、人文的环境共同打造了传统武术的文化空间，所以，对传统武术的传承保护不仅局限在武术本体，更要保护传统武术赖以生存的地域环境、人文环境、制度习俗等多个方面。唯其如此，才能真正实现传统武术的活态传承。

（1）文化空间保护的基本原则

目前，关于如何保护文化空间，在世界范围内仍然没有普遍认可的办法。对各方面的相关资料进行综合分析后，我们认为在文化空间保护方面应该遵循以下几个原则。

①内容的完整性和真实性原则，文化空间中的任何破坏与缺损都是对文化空间的严重损伤。

②生态性和生活性原则，文化空间离不开地理、环境和生态等因素，因此要保护好文化空间，就要保护好它赖以生存的这些自然和文化生态。此外，文化空间是动态的，是一种生活的文化，如果不与生活紧密相连，那么它将丧失自己的生命活力。

③动静结合的原则，主要是实现文化空间中的动态文化（表演艺术等）和静态文化（碑刻等）的共同保护。

④共联性原则，在文化空间中，通常会有某一文化品类要完全依赖其他品类作为文化背景才能显现出来，它们相互阐释、共生共存，这就要求在文化空间保护中不能只顾一种而忽视其他。

(2) 传统武术文化空间保护的基本措施

传统武术文化空间的保护可以采取以下措施。

①首先是申遗，即申报联合国“人类口头和非物质文化”遗产和国家级非物质文化遗产增加人们的民族自豪感，唤起人们的文化自觉。

②保护传统武术流派传人，传统武术的技术和文化都是动态存在的，只有人与人之间实现动态传承，才能最大限度地保障传统武术文化的存在和发展。所以，保护传统武术传承人是保护传统武术文化空间的关键所在。

③关注农村武术，传统武术在民间，传统武术在农村。农村受西方影响较小，所以农村是传统武术文化空间的主要场所。

三、传统武术文化传承的问题及对策

(一) 传统武术传承中的问题

传统武术的传承有物质性传承和非物质性传承两种形式，传承人是在具体的武术实践活动中传承武术遗产的。物质性传承，指的是传承人对前辈在武术活动中使用过的传统武术的拳谱、器械、服饰等物质器具的接受、保管和再使用。非物质性传承，指的是传承者对有关武术技艺的体验、感受、经验等的传递和发展。相比物质性传承，非物质性传承具有动态流变性，在这里，主要从非物质文化遗产申请的角度，就传统武术的非物质传承的问题进行说明。

1. 类别归属问题

在国务院批准的第一批非物质文化遗产名录中，属于传统武术的少林功夫、武当武术、回族重刀武术、沧州武术、太极拳、邢台梅花拳被归入于“杂技与竞技”里。竞技性只是传统武术的一小部分功能，把它们一概称为竞技，无疑抹杀了其丰富的文化内涵，这不符合历史真相，也不利于传统武术的传承和发展。

2. 申办内容问题

提出不严谨的申办内容，将不利于非物质文化遗产的保护，不利于武当武术的传承。如张三丰作为武当武术的创始人，关于其存在年代有“北宋说”和“元明说”两种说法，两种说法皆有纷杂的史料为证。在申报武当武术为非物质文化遗产的申办理由中，则有着“武当武术的发源地在湖北武当山，其创始人是元末明初的武当道人张三丰”的不严谨说法。

3. 传承人问题

在一些传统武术的非物质文化遗产的申报中，存在着传承人有争议的现象。传承人承担着重要的责任，若其不能原汁原味地对传统武术进行传承，势必会对该门派传统武术的继承和发展产生极大的负面影响。

4. 评价机构问题

非物质文化遗产的保护是一项繁杂的工作，需要社会各部门的协调配合。国家体育总局及各地体育部门并没有被列入联席会议的名单，这间接影响到非物质文化遗产种类的划分，使传统武术进入名录的难度评价机构不够健全，在“国家非物质文化遗产保护工作专家委员会名单”中，既没有体育这一分类，也没有体育方面的专家人选，这造成了传统武术归类不清等许多问题。

5. 传承机制问题

在武术文化传承管理中，由于制度建设的不完善，我国武术文化传承主体存在着许多令人担忧的问题，具体表现在以下两个方面：一是准入标准不健全，传承人传承水平遭受质疑，传承能力受年龄限制难以为继；二是文化传承过程中，许多传承人退出机制，对此无奖惩标准，政府无法进行干预。

（二）传统武术传承的对策研究

1. 创新传承体制

当代我国武术文化传承主要有两种策略，即原生态传承和活态传承。原生态传承是指传统武术竞赛或者交流活动要体现传统性，杜绝完全使用现代竞技武术的竞赛体系，包括规则、裁判等。而活态传承，则是针对现实中非活态传承现状而言的。活态传承指出，以身体艺术为特征的武术只有通过口传身授才能保障技术与文化的传承，即必须是人与人之间的直接交流。

在武术的传统传承中，我国已做出了相关工作，如申请非物质文化遗产、编撰武术书籍、建造博物馆等，但这些只是传承的方式，不能从整体上对武术以及武术文化进行继承。武术属于无形文化，真正的传承必须是以人为载体的活态、动态的传承，保护与资助民间武术传人十分重要。我国武术传承方式目前多以活态传承为主。武术活态文化的传承关注的主体是人，文明是由人创造的，也要靠人来继承延续。所以，武术传统传承应该从发现人、鼓励人和培养人方面着手。

2. 整体传承

任何一种非物质文化遗产，都是由多种技艺和技能共同构成的，如果只保护其中的某项技艺，即使保护得再好，这种技术也不可能完整传承下来。传统武术的整体包括技能体系的完整和生存环境的完整。在传统武术的传承中，一定要重视整体传承，由于传统武术建立在中国传统文化基础之上，融会了多种传统文化思想和观念，集中体现了中国人的审美情趣、价值取向、世界观和人生观，因此传统武术的理论体系、练习方法、套路种类、技法运用、门派典故、武林轶事、礼节仪式、练习口诀、传承制度等，都属于传统武术的技能体系范畴。此外，传统武术产生于农耕文明，离开了民间的文化土壤，传统武术便无法存在。

3. 在传承中发展

传统武术的传承和发展之间有着互相促进的关系。为了使中国的传统武术永葆生命力，并让它的艺术魅力能够为全世界所知晓，在传统武术的发展中一定要注意保持传统武术的传统性，在传统武术传承的基础上进行发展，做到传承与发展并举。

4. 优先保护濒危项目

在传统武术的发展过程中，由于各种各样的原因，必然会存在一些濒危的流派和项目。在传统武术的传承中，相关部门应对传统武术的发展现状进行认真研究，在了解传统武术各流派的传承情况的基础上，优先保护濒危项目。

5. 加强教育传承

从教育的作用来看，教育对武术文化具有一定的传承意义，文化的形成、发展与创新都要依靠教育来完成，文化传承在一定程度上体现着教育的特征。教育传承是武术文化传承的主要模式。我国学校武术教育暴露出了许多问题，要真正实现武术教育对武术文化的传承，就需要转变相应的教育观念，找好武术教育的价值定位，将武术教育发展成为包含文化、艺术的多元化教育。只有不断对武术中的传统历史文化进行继承和创新，才能发挥武术的魅力和价值。

6. 政府加强重视

从政府方面来说，为了把传统武术保护工作真正提高到一个新的战略高度上，必须做到以下几点。

①在政策上加以引导，并在资金、人力、物力等方面予以支持。

②充分利用电视、电影、网络、报纸、杂志期刊等宣传媒介在全国乃至世界范围内大力宣传传统武术。

③积极开展挖掘、整理、研究传统武术史料的工作，为传统武术的长远发展提供理论依据和支持。

④注重培养有真才实学、武德高、文化涵养好、专业素质强、教学能力过硬的传统武术。

7. 加强国内外推广与交流

针对传统武术在国内的传承，应做到以下几点。

①将传统武术纳入学校教育体系，让传统武术切实走进校园，如在幼儿、小学、中学、大中专院校以及研究生教育阶段全面开展传统武术相关的必修课程。

②积极开展传统武术活动，并对传统武术健身、休闲、娱乐、医疗等方面的作用进行

大力宣传，让传统武术成为人民大众所喜爱的体育项目。

③在军队、公安、武警、保安等系统中加强传统武术训练，使他们能够更好地保家卫国、服务人民。

④规范传统武术竞赛活动，建立完善的传统武术竞赛机制，制定专业详细的比赛规则，建立科学合理的传统武术段位制，加强传统武术竞赛人才的培养。这既有利于传统武术的继承和发展，还能避免传统武术走上竞技武术的老路。

针对传统武术在国外的发展，应做到以下几点。

①在国际上广泛建立国际传统武术联合会、俱乐部。

②派传统武术家到国外宣传和传授传统武术。

③举办大型的世界传统武术节。

④鼓励国外学员来中国学习传统武术，为国外培训传统武术学员、教练员和裁判员。

⑤通过多媒体传播、发行传统武术书籍译本，向世界宣传传统武术。

8. 产业化发展方向

在当今这个注重经济发展的时代，我们必须把传统武术作为一个产业来开发，让传统武术勇敢地走向市场，挑战和适应市场化、商业化的世界。

第二节　传统武术文化发展的理论探索

一、传统武术发展的社会需求分析

社会需求，也叫社会需要，指的是社会的利益诉求，是社会发展的推动力量。社会需求与传统武术创新发展之间是辩证统一的关系，传统武术的创新发展有助于社会需求的满足，社会需求为传统武术提供发展平台，两者相互促进，共同发展。

（一）社会需求是传统武术创新发展的动力

社会需求是社会发展的原动力。若将社会需求比作是一种消费行为，那么传统武术的创新及发展则可看成是一种生产行为，二者之间有着辩证统一的关系，是生产与消费之间辩证关系的完美体现，即生产决定消费，消费对生产具有重大的反作用，消费是生产的目的及动力。社会需求则是为传统武术的创新及发展奠定了基础，传统武术需围绕社会需求进行创新及发展。这一规律既适用于物质需求，也适用于文化需求。具体可表现为由于社会需求为传统武术创新提供了现实依据，传统武术在编排套路时必须将社会需求考虑进去。

另外，传统武术的创新往往可以有多种目的，这使得传统武术具有诸多功能。但是在这些功能中，总会有一个主要的功能，传承人可充分利用这一点，对传统武术进行创新。传统武术进行创新的根本目的是满足社会需求，实现传统武术的发展。

实践就是人们能动地改造和探索现实世界的一切社会性的客观物质活动。其基本特征主要包含客观性、能动性及社会历史性。创新源于实践，实践指导创新，社会的发展与进步需要创新与实践共同作用。传统武术在创新的道路上，只有立足实践才能得出真知。因此传统武术的创新与实践之间有着十分密切的关系。满足人们的社会需求是处理社会关系实践的具体体现，而实践的基本形式又包括处理社会关系的实践，所以社会需求是传统武术创新发展的前提。总之，社会需求是传统武术创新的源泉，传统武术的创新则是一种为了达到目标的行动，是满足社会需求的手段和方式。两者之间是辩证统一的关系，相互促进、相互影响。

（二）传统武术创新发展的目的是满足社会需求

随着社会的发展，社会需求的范围逐渐扩大，给传统武术的创新提出了挑战。传统武术发展的前提是创新，而不断发展、前进的目的是为了满足社会需求。为了满足不同的社会需求，传统武术在发展的过程中出现了众多不同的流派和拳种。为适应社会需求，避免淘汰的命运，传统武术必须一直走在创新的路上，永不停息。

二、传统武术发展的制约因素

（一）制约传统武术发展的文化因素

1. 传统文化中的消极因素制约了传统武术的发展

传统武术在其发生、发展过程中，都深受中华文化的滋润，并进而形成了独特的东方人体运动文化的表现形式。武术在各方面都带有浓厚的中国传统文化色彩，其中不乏会对传统武术的发展进程产生负面影响的消极因素。文化中的消极因素限制着传统武术的发展，主要表现为以下三个方面的内容。

①中国封建社会时期的传统武术以家族及宗法关系作为主要传承的载体，具体表现是传承者必须具有血缘关系或是同宗关系，还表现为传男不传女。

②封建迷信给传统武术带来了十分严重的负面影响，比如，拜师时必须磕头，门派教条十分严格，禁止本门派弟子学习其他门派的武艺等。

③传统武术还有传内不传外的传统，外人想要学习传统武术是极其困难的。就算传统武术的继承人愿意将武艺传授给外人，往往也会“留一手”，这就加大了传统武术的传承难度，致使传统武术失传。

在当今的社会背景下，传统武术也走进商品经济市场并逐渐变成了一种可消费的商品。学习者通过交学费的方式向传统武术的传承者学习武术，虽然从表面上看传承武术有了更加便捷的传承方式，但事实上这种行为对传统武术的发展是极其不利的。因为某些传统武术的传承者将会在利益的驱使下，利用自身的武艺赚取更多的钱财。毕竟人们在学习传统武术上的花费以及学习的时间都是有限的，这使得传统武术的发展范围被限制在了固定的范围之内，传统武术本身也变得越发狭隘、保守。

2. 西方体育文化对中国传统武术的冲击

为实现与国际接轨，我国在实行改革开放的过程中大量借鉴了西方的文明成果，表现在体育方面就是，我国变得十分重视西方体育项目的发展，篮球、拳击、跆拳道、柔道等外来体育项目蜂拥而至。我国本民族的传统体育的发展则被忽视，这也严重限制了传统武术的发展，使得传统武术的发展空间越来越小。具有鲜明民族文化特征的跆拳道、空手道、剑道等项目都简单易学，因而受到了广大青少年的喜爱和追随。以跆拳道为例，它在短短几年时间就风靡了中国各大城市，成为一种青少年竞相追求的时尚运动，而博大精深的中国武术却无人问津。

传统武术的传承受到制约，对传统武术的长远发展是极其不利的。西方体育文化更能适应国际形势，也更受我国各个年龄段人群的青睐。现如今，越来越多的人在进行体育锻炼的时候会选择健美操、瑜伽、篮球等西方的体育项目，而选择太极拳等传统武术的人则是少之又少。无论是在学校的操场，还是在公共健身场所，打球的青少年随处可见。西方体育文化的涌入不仅仅抢占了传统武术的市场，使中国传统武术不得不与西方体育接轨，竞技武术的出现更是使传统武术变得不伦不类。

传统武术的发展前景堪忧。传统武术的传承方式、训练方法及发展理念等各方面都受到了来自西方体育文化的影响。经过西方体育思想的异化，传统武术原有的发展理念被摒弃，失去了原有的韵味；只是一味地借鉴西方的体育文化，使得当代的许多传统武术继承人将追求名利当作是唯一的目标；受奥林匹克精神的影响，出现重视竞技武术忽视传统武术的现象；传统武术逐渐走上竞技化的道路，竞技武术与传统武术出现严重不平衡的现象，甚至是竞技武术有取代传统武术的趋势。虽然教育部将武术课程写进体育教学大纲，但是，由于种种原因，多数学校都将注重学西方体育项目的教学，有的甚至取消了传统武术课程，这些都导致学生对传统武术一无所知，从根本上限制了传统武术的发展。

3. 当代休闲文化的消极影响

休闲文化对世界的影响是极为广泛的，这其中包括当代人的生活方式。它将所有具有特殊性的活动作为基础，其目的在于让人们能够感到放松、愉悦并满足其玩的需求。随着时代的发展，休闲文化将会成为未来社会发展的总趋势。发达国家与发展中国家都会进入休闲时代，只是时间略有不同。

通常来讲，休闲文化将会促进传统武术的发展。但从实践意义上来说，休闲中经常会含有“满足”“放纵”“选择”和“逃避”等概念。现如今，我国部分青少年对街舞、网游等娱乐形式存在着一定的沉迷，或轻微或严重地远离了读书、书法、尚武等传统的生活体验方式。传统武术一方面具有一定的技术性，另一方面也是我国传统民族文化的沉淀，无论是从理论方面还是从实践方面，它都具有休闲文化不可比拟的优势。然而让人感到无奈的是，人们通常会对那些具有厚重文化底蕴以及具有丰富文化内涵的事物存在一定的排斥。

在休闲文化中，充斥着历史虚无化、文化娱乐化、艺术消费化等不良的文化生活方式，这严重阻碍了传统武术文化的理解及继承、制约了传统武术的发展。究其原因，传统武术的修行不是一朝一夕的事情，只有习武者的实践积累到一定程度后，方可达到传统武术的最高境界。而在以休闲为主的文化意识形态的当代，人们更愿意通过简便快捷的方式达到强身健体、修身养性的目的，与此现状截然相反的传统武术自然不会受人们的欢迎。另外，随着生活节奏的加快，人们没有太多的时间用来练习传统武术，一般练习传统武术的多是传统武术的爱好者，或是不适宜参加其他体育项目的人群。

4. 武侠小说和武打影视对传统武术的负面影响

一直以来，人们都容易沉醉于武侠小说所描绘的侠义世界。金庸先生的《射雕英雄传》《神雕侠侣》《天龙八部》等，以及古龙先生的《小李飞刀》《绝代双骄》《萧十一郎》等，都是广为人知、脍炙人口的佳作。民国时期，武侠小说在小说市场上占有很大的比例。

除此之外，武术电影的影响力也不容小觑，通过对传统武术文化内涵的展示，吸引了大批粉丝。武侠电影不仅受到国人的热捧，甚至在世界范围也有着很好的口碑。如李连杰就是凭借武术电影《致命武器 4》走进好莱坞，而成龙的《尖峰时刻》则是传统武术在好莱坞获得长足发展的标志性事件。

随着时代的发展、传媒市场的扩大以及媒体的多样化，为传统武术在世界范围内进行传播提供了一个良好的平台。无论是武侠小说还是武术电影，都在弘扬传统武术方面做出了极大的贡献。然而，任何事物都具有两面性，在发挥积极作用的同时，也不能忽视其消极影响。武侠小说与武术电影在对传统武术的功能及价值进行表现的时候，都需要运用夸张的艺术手法以实现艺术效果，为观众带来焕然一新的感觉和极高的视觉享受，然而这与传统武术所要求的现实本质具有很大的差距。人们通过小说和电影所认识到的传统武术是一种经过艺术加工过的武术表演，而现实中的传统武术给人的感觉则是完全相反的，也就是说，武侠小说及武术电影将人带入误区，向人们展现的是不符合实际的、虚假的传统武术。如在央视播出的“武林大会”的问卷调查中，虽然多数观众都认为该节目对传统武术具有一定的贡献，但是也有人认为，该节目的观赏性不强，只是对打，没有其他特点。

从传统武术的普及传承的角度上讲，武侠小说与武侠电影严重影响了人们对传统武术的认识及了解。

（二）制约传统武术发展的社会因素

1. 传统武术在商业化的过程中逐渐变味

为适应社会发展的需要，传统武术也需要参与市场竞争，形成自己的武术市场，拥有特定的消费人群。按道理来说，本身拥有强身健体、修身养性等优势的传统武术相较于其他的体育项目，更容易拥有自己的市场。但是，传统武术在商业化的过程中却开始逐渐忽视传统武术的创新与传承，失去了发展重心，具体表现为以下两个方面的内容。

（1）投机者利用传统武术获取商业利润

竞争是伴随着市场而生的，有市场的地方就有竞争。总有些人会为在竞争中取得优势或获胜而使用特殊手段。具体到传统武术市场领域，主要表现为有些人通过特殊手段拜在名师门下，虽在出师后仍旧没什么本事，却借助名师之徒的身份开设武馆，大肆招收弟子，从中获取商业利益。这种行为不仅不利于传统武术市场的发展，更不利于传统武术的传承与发展。

（2）传统武术传承人走商业化道路

有些人之所以会想要对传统武术进行传承，只是为了利用传承人这个身份来寻求国家政策的扶持，他们之所以会竭力弘扬传统武术，其目的也只是提高所继承的传统武术的知名度并借此在传统武术市场中获取经济利益。这一类传统武术的继承人在实现传统武术的经济价值的时候，常见的套路是通过投入一定的资金来成立公司或开设武馆，并只生产适销对路的武术产品。毕竟人的精力是有限的，再加上这些传统武术人本身对如何促进传统武术的发展没有兴趣，这致使他们在忙于经营公司的时候，根本无暇甚至不会顾忌传统武术的创新及发展前景，获取经济效益与发展传统武术之间是很难平衡的。

2. 传统武术自身生存的社会环境发生变化

在农耕文明的社会背景下产生的传统武术，在中国冷兵器时代作为一种近身攻击技术而被推广开来。但是，随着火器时代的来临，传统武术失去了实践的平台。且随着时代的发展，人们的思想意识、价值观发生了巨大的变化，传统武术的发展已逐渐落后于时代的发展。封建自然经济严重制约了传统武术的发展。在以男耕女织为主要特点的自然经济背景下的社会，人与人之间的交流极为稀少，人们的意识相对封闭，以至于传统武术的发展也是处于封闭之中，从而导致不同流派之间相互独立，且存在着巨大差异。自改革开放以来，中国与世界的交流更加频繁和密切，然而这对于有着封闭性特点的传统武术而言，是极大的打击。伴随着工业革命而来的是全球一体化这把双刃剑，其不利的一面的主要表现就是强势文化侵蚀弱势文化，进而影响当地的价值观念，最为严重的将直接导致本民族传统文化的消亡。我国在科技及经济比较落后的时期，大量学习并借鉴先进国家的社会、思想、生产等内容，我国的传统文化就在这个过程中遭受了严重的冲击，具体表现为奥林匹克运动会的推广，主要是向世界传播西方体育文化，这间接地对其他国家的民族文化造成了极大的冲击。我国对待传统武术的态度逐渐转变成了“要发展竞技武术以符合奥林匹克精神”，具有封闭性特点的传统武术也因此受到了一定的限制。传统武术想要获得长远的发展，就必须调整、创新、改革，以适应社会发展的需要。当今社会的生活节奏越来越快，传统武术在冷兵器时代的实践意义与现代人们的生活方式、价值观、思维方式及行为观念等有着极大的出入，练习传统武术的目的就是健身及修身养性。但是，与快节奏、简单的体育模式相比，传统武术这种慢节奏的体育模式不能满足现代人的需求，因而没有太大的竞争力，这也是传统武术发展过程中亟待解决的问题。

3. 学校传统武术教育发展滞后

学校在发挥教授学生文化知识的职能的同时，还可以通过开展武术课程，成为弘扬传统武术的重要媒介。传统武术课程最早进入学校是在民国时期。虽然传统武术得到普及并纳入体育教育体系，但是传统武术在现代的普及状况不容乐观。尽管在新中国成立以来，政府高度重视学校武术的发展，但是由于现代学校的教学形式等与传统武术实践教学严重不符，这在很大程度上制约了传统武术的发展。现代教育制约传统武术发展主要表现为四个方面。

（1）大力发展西方体育

我国民族的体育精神在很大程度上受到了西方的体育文化的影响，以至于忽略了传统武术的发展。一方面，全球一体化的发展使得各个国家能够更为积极地进行交流，并推动文化传播的进程，如已经得到世界人民的认可的奥林匹克体育精神。但另一方面，全球一体化也是一种文化侵略。在我国，多数的大学、中学和小学开展的都是西方体育项目相关的体育课程，而传统武术课程则被束之高阁。

（2）武术教师缺少对传统武术文化内涵的了解

现阶段，即便是在学校任教的武术教师，其文化水平也并不是很高。武术教师对传统武术的文化内涵一知半解，使用的教学方法也存在一定的问题，其教授的课程自然无法吸引学生的注意力，激发他们的兴趣，以至于学生更愿意接受西方体育更快、更高、更强的精神。

（3）重视竞技，轻视传统

新中国成立以后，为了与国际接轨，紧跟时代潮流，重视竞技体育的发展是无可厚非的。相关体育部门的重视以及国家政策的扶持为竞技武术的发展创造了良好的发展平台，具体表现是各省市及体育院校积极组建专业的竞技武术团队。然而在这个过程中，却忽视了传统武术的发展，传统武术只能在夹缝中生存和发展。与此同时，由于缺乏政策的支持以及相关体育部门的忽视，学校也开始重视竞技武术的发展，忽略传统武术教育。

（4）部分学校取消武术课程

早在1956年，教育部就将传统武术作为我国的国术列入中小学体育教学大纲，并且还对学校开展传统武术课程的相关事宜以及每学期武术的课时数做了规定。体育院校将传统武术作为必修课程之一，标志着我国大学、中学、小学将传统武术列为体育教育的项目之一。然而，当前的实际情况却是部分学校取消了传统武术课程，或者是由于教师或学生的缺乏而使武术课程成为单纯的摆设。

总之，现阶段中国传统武术的发展前景并不光明。为使传统武术成为奥运会的比赛项目，强行使传统武术向竞技武术方向靠拢，对传统武术进行所谓的创新、改革，结果失去了核心内涵的传统武术被改得面目全非。传统武术的教学也只是一味地参考竞技武术的步骤，而根本没有考虑到传统武术的文化传承内涵。

4. 民间武馆发展水平参差不齐

随着传统武术的不断发展，民间武馆大量涌现，这些民间武馆在推动传统武术的发展进程中发挥着积极的作用。但由于民间武馆的发展水平尚不成熟，发展水平参差不齐，武馆的规模大小不一，使得传统武术在民间的传承和发展受到了一定的阻碍。具体表现为以下两点。

①民间武馆中的武术教练往往在武艺方面都有着真才实学，但相对的，他们的文化水平却十分有限。武术教练们不能生动形象地阐述传统武术的精髓，而且教学方式也存在较大的问题，不能满足练习者的需求。

②在传统武术的传承过程中，由于传统武术练习者的习武动机不纯，多数练习者练习传统武术的目的就是强身健体，或是拥有一技之长，为以后的发展创造有利条件，这使得传统武术的价值得不到完全发挥，不利于传统武术的传承。

当前我国武术的发展现状就是一味地重视竞技武术，而忽视了传统武术的发展。民间武馆就以此为发展方向，树立培养目标，制订培养计划，具体表现为：传统武术中的拳法及器械种类繁多，但民间武馆仅仅是打着弘扬传统武术的幌子，所开设的武术项目则基本与中国官方的武术比赛所指定的7个项目相一致，并没有真正地弘扬传统武术、发展竞技武术以及为竞技武术服务，致使民间武馆失去了为弘扬传统武术而存在的价值。

（三）制约传统武术发展的自身因素

1. 传统武术门派众多，不利于被世人接受

我国地域辽阔，各地都有着不同的文化及风俗，人本身的身体素质也有着较大的差异。传统武术也因此衍生出了许多不同的流派和分支，如比较有代表性的太极拳，有陈氏、杨氏、吴氏等不同的分支。其中以杨氏太极拳为例，杨氏太极拳是在陈氏的基础上进行改进

的，其核心内涵是强调太极拳重内、重义、含而不露、后发制人的特点。

然而我国传统武术门派的种类过于繁杂，这为人们接受传统武术造成了很大的障碍，且为传统武术的传承增加了难度。如在习云太主编的《中国武术史》一书中，所记述的拳种多达75个，武术器械的种类也十分繁多。虽然这些都属于传统武术，但是相互之间的差异极为明显，若对它们一一继承将会严重减缓传统武术规范化的进程。

传统武术中种类繁多的流派、拳法及拳种引发的诸多问题，还严重阻碍了传统武术在国际上的发展。国际上往往将中国传统武术的各个流派都统称为功夫，关于流派的具体种类、特点以及区别等则是一窍不通，再加上关于传统武术的翻译并不成熟，这使得在传统武术在国际上的沟通极其困难，无法真正阐释出传统武术的精髓，进而影响了传统武术在国际上的发展。

2. **传统武术理论研究不足**

传统武术理论研究不足是制约传统武术发展的主要因素之一。任何一门学科的知识体系都是相对独立的，健全、科学的理论指导是学科获得发展的前提条件。西方体育之所以能发展为全球性的体育，是由于它相信科学，并以科学为依据，遵循人体生长发育规律，从而建立扎实、可靠的理论体系。

认识论的观点认为，理论与实践之间有着辩证统一的关系，理论对实践具有指导作用，实践是理论的来源和基础，缺乏理论指导的实践是盲目的实践。同理，传统武术的发展也需要立足实践，并以传统武术理论为指导。但是我国现阶段对传统武术的研究并不十分重视，导致的结果就是理论与实践不接轨，甚至是理论远远落后于实践，这严重限制了传统武术的发展。

传统武术理论缺乏的另一个原因，就是传统武术的发展传承形式主要为家族传承模式。受中国古代社会环境的影响，传统武术的传承方法主要是师父向弟子进行口传心授，且一般是传男不传女。其中有毅力、耐心、悟性的弟子再通过苦修的方式来修炼和继承，这些基本上没有具体的文字记载。因此，传承人需要在致力于对传统武术理论进行研究的同时，转变传统的思想方式。为弘扬中国传统武术，保障传统武术的传承，给后世留下宝贵的文化遗产，国家的相关武术部门也采取了积极的措施，比如，原国家体委于1979年发布了《关于挖掘整理武术遗产的通知》，随后又于1983年至1986年在全国范围内开展了挖掘整理武术遗产工作，成效显著。然而，虽然传统武术的传承仍在继续，却只有很少一部分人从事研究传统武术理论的工作，这与之前国家为弘扬传统武术所做的努力，相差甚远。事实上，传统武术为形成相关的武术理论以适应社会发展的需要，其自身也在不断变革。但是在变革的过程中仍存在诸多的问题，如在传统武术中部分封建迷信思想根深蒂固，这与当今社会的发展理念是背道而驰的；传统武术的传承讲求“悟性”，也就是说，弟子在入门之后进行实践学习的时候，由于没有科学的理论指导，只是进行自我学习、摸索，除此之外，由于每个人的生活环境、文化程度等个人因素存在较大的差异，使得部分弟子在修习传统武术的过程中存在误区，导致传统武术的传承变得极为困难。重视传统武术的理论研究，不仅仅有利于传统武术的世代相传，还有助于减少修习者的认知误区，使其能够进行科学的修习，这对传统武术的修习者具有很高的实用价值。

3. 民间传统武术拳师的教学水平不高

传统武术的传承方式以口传心授为主，原则上这对传统武术拳师的文化素质有着较高的要求。部分传统武术传承者没有过硬的教学水平也是制约传统武术发展的重要原因之一。传统武术拳师文化水平较低有着多方面的原因：一是传统武术拳师受传统文化思想影响较大，他们普遍抱有文武殊途这一错误思想，通常情况下，武术练习者会忽视文化知识的学习；二是新中国成立以后，新的教育制度注重的是如何提高国民的文化素质问题。在义务教育普遍实行之后，上学接受教育几乎是所有青少年的人生轨迹，这使得他们几乎没有学习传统武术的时间。有很多时间练习传统武术的，大多是一些不喜欢学习或无力上学的青少年群体，以至于传统武术拳师的知识文化水平都十分有限。如发源于温县陈家沟的陈氏太极拳的拳师，他们绝大多数不具备较高的文化水平，具有高等学历的拳师更是少之又少。

武术拳师的文化水平有限，口传心授的传承方式缺乏创新及理论指导，这使得传统武术的教学方式及训练方法都不能满足当代人的需求。拳师在带领徒弟进行练习的时候，其教学方式缺乏一定的科学性，练习过程极为枯燥、乏味，效率不高，这同样限制了传统武术的发展。

位于不同地域的传统武术有着一定的文化差异，这使得部分传统武术拳师在授课的过程中，将传统武术置于神台上，给传统武术蒙上一层神秘的面纱，这种做法严重妨碍了弟子对传统武术的正确认识；传统武术拳师在授课的过程中，为了让弟子记住死板的武术动作便让弟子进行无止境地练习，这使得弟子的练武兴致与信心大大降低；大部分传统武术拳师的文化、教学水平有限，他们无力讲解关于传统武术的起源及相关的理论，只是一味强调学生的悟性，这不仅打击了传统武术爱好者的积极性，还使得传统武术的传承变得极为困难。

第七章　传统武术运动在高校中的传承与发展

高校作为民族传统文化传播的主阵地，对传统武术在我国乃至世界的发扬光大起着重要的作用，传统武术如何在高校中得到传承与发展是值得深入研究的课题。本章主要阐述了传统武术在高校中的开展现状、武术文化在高校教育中的传承与发展以及传统武术在高校中传承与发展的途径。

第一节　传统武术在高校中的开展现状

一、高校大学生的素质现状

（一）身体素质日益下降

随着物质生活水平和社会信息化的不断进步，大学生的身体素质本应朝着上升的趋势发展，但现实并非如此。经过历年对大学生身体素质的测试，结果表明一些大学生的身体素质正在日益下降。

（二）武术素养日益下降

目前，大部分的高校都开设了传统武术课程，但是由于部分人轻视体育，有些高校的传统武术教学还流于形式。由于受到社会环境以及思想观念等的影响，造成了大学生的武术素养普遍较低。通过调查发现，大部分学生认为传统武术课程是可有可无的，从这个角度反映了大学生对传统武术的价值功能不够了解。对于大学生来说，在中学阶段，由于高考的压力，中学生把精力完全放在了文化课的学习上，对传统武术活动的参与少之又少。进入大学以后，对传统武术的作用也不了解，上武术选修课也只是为了拿学分，更谈不上武术技能的学习和武术文化的体验了。

二、传统武术在高校中的教学现状

（一）师资现状

教师在高校武术教学中起着非常重要的作用，直接影响着传统武术教学质量的提高。不论武术课程体系设置得多么合理，如果没有与之相适应的高素质的教师，也无法获得理想的教学效果。反过来说，高素质、高质量的教师如果充分发挥主观能动性，也能够创造出优质的课程体系。由此可见，教师素质的优劣直接影响着教学的成效和学生的发展，所以，建立一支高素质的教师队伍是必需的，只有教师素质提高了，才能有高质量的教学，也才能培养出高质量的人才。同样，社会需求的武术人才的培养，也需要高校武术教学拥有相应高素质的武术教师队伍。

目前，从数量和质量上来看，我国高校武术的师资队伍与武术发展的需求存在着较大差距。在普通高校的教师中，武术教师所占比例较小，而在武术教师中，专业武术教师更显缺乏，武术教师的不专业，导致学生练习武术处于无序的状态，难以达到专业的水平。传统武术的技术性比较强，它的普及与提高需要具备一定的条件和科学有效的指导。教师的学历与教学质量不能画等号，但学历在很大程度上能够反映出教师的理论水平和发展潜力。一般来说，学历越高，对专业的认识就越深，适应教学改革的能力也就越强，那么对武术教学的贡献也就越大。社会在不断进步，教育事业也在发展，高学历化已成为世界各国加强师资队伍建设的共同趋势。目前的高校武术师资队伍中，硕士以上学历教师人数过少，而本科学历的教师占了很大的比例，整体学历层次偏低，高学历人才缺乏，这与国家规定的学历要求存在一定差距。今后普通高校师资队伍建设的一个重点便是多渠道提高武术师资队伍的学历层次，增加硕士和博士学位教师的数量。

我国高校武术教师师资水平较低，武术专业教师更是少之又少。这就导致了教师的业务水平和业务素质容易出现一系列问题。这与武术教师的教学态度、教学水平和专业水平有着很大的关系。另外，高校武术教师有着年轻化的趋势，加之其培训时对武术运动的全面学习和了解不够，严重影响了他们对武术运动的认识和教学水平。在教学过程中，武术教学的难度比较大，搞好武术教学必须做到技术动作熟练、示范准确、讲解清楚，同时还要对武术技术内容的内在攻防含义有深刻的了解，这样才能使学生真正懂得武术技术动作的目的和实用方法。教师水平的提高，关系着学生在课中的兴趣、爱好的满足，关系到学生学习的积极性的激发，关系到学生学习武术兴趣的培养。教师水平的提高应当从武术的技能和教法方面入手，全面掌握和理解武术的内涵和理论知识，并且积累丰富的实践经验。

（二）教学内容现状

1. 教学内容单一

中国的传统武术种类繁多，从拳种来说，据粗略统计就达 129 种之多，还有许多小拳种、雷同拳种等，另外还有体系不完整的套路和功法，更是不计其数。虽然传统武术种类繁多，但是目前在高等院校传统武术的课程设置中，其项目所涉及的拳种并不多。据对上海体育学院、武汉体育学院、沈阳体育学院、成都体育学院和西安体育学院五所院校开设的传统武术课程的调查，五所体育院校传统武术教学内容所占的课时比例分别为 22.22%、24.61%、9.26%、8.41% 和 15.72%，平均数仅为 16.04%。由此可见，传统武术目前在体育院校的教学中所占的内容比例是非常低的，就更不用说其他的普通高等院校了。

以上海体育学院民族传统体育专业武术教学大纲为例，在 2002 年规定的传统武术套路有八卦掌、翻子拳、五路华拳、四路查拳、形意拳、通臂拳、双刀、双剑等共 10 个套路，而在 2003 年新一轮教学改革后，只保留了五路华拳、八卦掌、形意拳、南刀、南棍这 5 个传统套路，而学生实际上掌握的传统武术的套路内容、拳种就更少了。这对传统武术在高校的发展是极为不利的。

导致我国高校传统武术教学内容单一的因素主要有以下两点。

①国家为高校的传统武术教学制定了专门的教学大纲。各普通高校的传统武术教学内容一般都是太极拳和拳、刀、棍、剑等初级套路，而很少有散打、短兵等对柔韧性水平要求不高，但竞争性强、攻防实战性强等优点的内容，这是按照教学大纲进行教学的结果。中国传统武术的主要内容是技击，攻防技击性是其本质特征，正因为这样才深受广大学生的喜爱和欢迎。但因为有武术教学大纲的存在，教师往往根据教学大纲来制订教学计划，在教学中往往只注重动作的外形和规格，而严重忽视了传统武术攻防技击性的特点，使得教学过程异常枯燥，难以提高学生学习的积极性。因此，在这种情况下，教师就应该克服教学大纲带来的局限性，从学生的实际情况出发，努力发掘那些既简单实用，动作组合又少的攻防动作，丰富教学内容，充分调动学生学习的积极性。

②高校武术教师的主要来源是高等院校的毕业生，他们所受到的教育基本一致，这就成为导致教学内容单一的一个重要原因。在教学内容中，竞技武术套路是教学的主要内容，而关于传统武术和散打的教学却很少，这不能满足学生的愿望，难以引起学生学习的兴趣。另外，现在高校传统武术教学内容还停留在以竞技武术套路为主题的教学模式上，这严重影响了学生的学习兴趣和热情，与社会发展相背离，从而导致学生学完之后很快就荒废了，没有起到武术健身的应有效果。

中华武术历史悠久，内容极为丰富。对于高校武术教学来说，由于教学时间有限，教学任务显得很重，为了完成教学任务，各高校教师不得不根据规定的时间安排所有的教学任务。高校学生大多数对武术不甚了解，繁重的学习任务增加了学生学习的难度，造成了学生学习的兴趣不高，对学生掌握武术知识带来了困难，对武术的传播具有不利的影响。

2. 武术考核存在问题

武术考核是武术教学中非常重要的一环，建立合理的考核制度，对学生学习成绩进行客观公正、全面合理的评定，可以提高学生学习武术的兴趣，促进武术在高校中的发展。而目前我国高校武术教学中的考核存在着各种各样的问题。

①考核内容过于片面。学生对武术理论知识的掌握以及学习态度等方面的评价在绝大部分学校遭到忽视，而学生的体育成绩的评定以学生演练水平为依据的方法，使身体素质较差而平时积极锻炼学生的积极性受到打击，那些具有一定基础、平时上课不努力的学生的惰性得以助长，使得学生的学习效果不能得到全面的检查和评定。

②在考核形式上，缺乏对武术理论的考核。这与武术教学“重技术，轻理论”，内容单一有关。

③在考试的形式上，传统的由任课教师对所任教班级进行自考自评的方法仍在沿用，也是大部分武术成绩的考核与评定的主要方法，从而导致了考核与评定的标准和尺度不平衡、人情评分等诸多弊端的存在。由此可见，目前普通高校武术公共课的考核方法因教材内容和教学方式而存在着明显的局限，很难激发学生学习的兴趣和热情。不利于学生积极、自主地学习和掌握武术理论知识、技术、技能。

3. 武术教材选用存在问题

教材是人类文明的结晶，是传承与发展人类文明的载体，每位高校学子都可以通过教材提高自身素质，培育发展潜能。教材是高等学校教学内容和教学方法的载体，在教师与学生之间起着教与学的最基础、最直接的媒介作用，对现阶段的教与学至关重要，不可缺少。

中华武术包含着许多实践和理论知识，并同中华民族的整个思想文化相互作用、相互影响，因而在学习武术时一定要注意其理论研究。丰富的实践经验对人们的认识非常重要，但这还远远不够，必须将其上升到理论认识的高度，才能将社会上诸多的异端邪说等伪科学辨别出来，才能提高大学生的素质和修养。

从教材内容来看，初级太极拳、三路长拳、棍术、剑术等都是主要的教学内容，这些套路的各个动作之间缺少必要的联系性，单个动作较多，每个套路都由四个段落组成，每个段落又由十几个动作组成，由于套路编写太长不利于高校学生的学习和掌握，而对初学者来说是尤其困难的。我国各类高校武术教材的版本各异，但都存在着诸多的问题，具体表现在以下几个方面。

（1）教材质量低下

目前，教材数量版本较多，但存在着版本之间大量雷同的现象，这造成了武术研究繁荣的假象。在我国传统武术教材中，有的在章节设置甚至整节、整段的内容都完全一样。因此，在这样的情况下很难出现精品。而在各大高校的自编教材中，问题也是相当严重的，高校中教师的年度考核和职称晋升的一项重要指标便是是否有专著或主编的著作，但现实中许多教师往往由于工作繁忙或水平有限，不得不东拼西凑、粗制滥造、想方设法来编著教材，最终导致了教材质量相当低劣。

（2）内容过于陈旧，体系不合理

随着时代的发展，国内外的新理论、新方法层出不穷。而我国大部分的高校教材部分内容过于陈旧，对国内外新理论、新方法没有进行介绍，更没有相关的追踪研究，另外，教材中所阐述的一些技术、方法、裁判等知识早已过时甚至错误。而教材自身的结构设置也未能包含其所应有的主要内容，导致了教材体系设置的不合理。

（3）教材内容繁杂，缺乏针对性

武术教育有普修课课程、辅修课课程、专修课课程，而民族传统体育专业的武术课程，其课程设置相对较为复杂，具有较强的针对性，在层次上也具有由浅入深、循序渐进的特点，那么针对不同的课程，教材就必须有所不同，不同课程的教材必须以不同的学生对象为主体，根据各自的培养目标和任务有所侧重。目前来看，我国各大高校的武术教材的内容设计在这方面还存在着很大的不足。

4. 重视教学实践，忽略理论课教学

武术理论是武术教学内容的一个重要组成部分。武术理论的教授有利于学生对技术的理解以及对视图知识的学习，能够使武术文化得到更好的弘扬。大学生是高校教学面对的对象，具有较高的认知能力和理论层次，因此其理论教学要突出一定的特点以符合学生的实际情况。对于目前普通高校传统武术理论教学来说，课时数太少甚至没有。其原因是大多数院校没有对武术理论课的严格考核要求，理论课安排时数较少，授课质量也相对低下，这说明理论课的讲授没有得到高校以及教师应有的重视，也导致了我国大学生武术理论知识的欠缺。从学生认知武术的途径中就可得到理论缺乏的现象反映。学生们认识武术主要是通过影视、书刊等途径的传播，而通过理论讲授和自学武术教材来认知武术的所占比例非常小，但是，现实中那些影视、书刊对武术过于虚构、夸张的描述，根本不能体现武术本身的真正内涵，在一定程度上影响了学生对武术的理解，相当一部分学生对一些影视中的技术和功法盲目崇拜便是这种情况的结果。学生们的视图能力较差也是学生很少通过视图自学来认知武术的一个原因。由此可见，各院校应该高度重视加强武术理论内容的教学。

一直以来，在高校中开设的武术课程，其教学的主要形式都是教师教和学生学，主要教学内容是武术套路技术教学，很少涉及专门武术理论的教学。这就导致了人们对体育教学的认识不够全面，认为传统武术教学就是锻炼学生的身体素质，教会学生相关的武术技

能，对武术理论的忽视也就顺理成章了。武术蕴涵着丰富的中华传统文化，因此，对武术的学习不仅是对武术技术、武术理论的学习，通过武术教学，学生还可以学习、继承我国优秀的民族传统文化，得到德、智、体的全面发展。

中华武术有着悠久的历史，是中华民族传统文化的重要组成部分，与中华民族哲学、政治、文学、军事、宗教等的整个思想文化相互融合，理论基础非常雄厚。因而理论教学应该成为武术学习的重要内容。

（三）教学设施现状

1. 教学场馆现状

传统武术教学与训练场馆是组织传统武术教学、开展传统武术竞赛活动的重要保证，是学校的重要硬件指标之一，是高校综合实力的体现。因此，武术场馆建设对高校传统武术教学来说是非常重要的。

通过调查福建省有武术场馆的14所高校可知，目前福建省内大多数高校都非常重视传统武术教学训练场馆的建设，并相应开设了传统武术课程，只有两所拥有武术场馆的院校没有开设传统武术课，其原因主要是缺少师资或某些教学事故的发生带来了不良的影响，所以暂时不再开课。

另对，通过对青岛市各大高校武术教学训练场地基本情况的调查得知，目前青岛市普通高校传统武术课的教学基本都是在室外场地进行，选择在室外上课的有335人，占调查总数的88.2%；选择室内上课的只有37人，占调查总数的9.7%；选择无固定场所的有8人，占调查总数的2.1%。传统武术套路教学中有很多的诸如跳跃、跌扑、滚翻等动作，在室外水泥地面上开展练习是非常容易受伤的。而在武术散打教学中需要悬挂沙袋，如果没有散打教学场馆就无法做到，这对学生从事传统武术学习产生了一定的负面影响，不仅降低了传统武术教学的效果，还严重影响了教学计划的执行。

由此可见，我国各大高校传统武术教学场馆设施建设是参差不齐的，要想更好地开展传统武术教学与训练，就必须加大场馆建设的力度。

2. 教学训练器材现状

教学训练器材是传统武术教学能够顺利进行以及实现理想教学效果的重要保障。传统武术教学的训练器材可分为技术器材和功力器材两部分。技术器材有刀、枪、剑、棍等，功力器材有杠铃、哑铃、壶铃、皮条、沙袋、木桩、综合训练器等。

通过对福建省高校传统武术教学器材的调查统计，目前福建省高校传统武术教学中技术器材使用率最高的为棍，其次为刀，再次为剑，最后为枪。这完全符合传统武术教学难易的规律，而最常用的功力器材为杠铃和沙袋。器材的使用不仅为传统武术教学的顺利进行提供了物质保障，还有利于提高学生传统武术训练的功力。

教学器材的丰富程度，将对传统武术教学的顺利进行产生直接影响，因此，在高校传统武术教学中拥有一定比例的器材是十分必要的。随着近几年各大高校的普遍扩招，高校学生数量呈逐年增加的趋势，而武术正常班的人数也在不断增多，但与之形成鲜明对比的是学生上课使用的器材却没有随之增加，反而因长时间的使用逐渐磨损，这严重影响了传统体育武术教学的质量。因此，高校相关部门应该加强传统武术器材的建设，为学生从事教学与训练打下一个良好的物质基础。

（四）教学方法与组织形式现状

在传统武术教学中采取恰当的教学方法和组织形式是至关重要的，这关系到能否顺利开展传统武术课程，实现既定的教学任务和目标，进而达到健身与防卫的目的。

1. 教学方法现状

教学方法是指为了实现共同的教学目标和任务，教师和学生在教学过程中运用的方式与手段的总称。合理的教学方法不仅能够激发学生学习的积极能动性，而且有利于教学组织形式的安排，为教师和学生营造一个良好的学习氛围和环境。传统武术教学有其特殊性，这就对传统武术教师的教学方法提出了更高的要求，只有在教学过程中不断摸索和实验，才能找到更加有利于自身发展的教学方法和手段，从而促进传统武术教学在学校的开展。

通过对福建省高校传统武术中使用的教学方法的调查显示，目前采用的主要教学方法有传统教学法、自主性教学法、合作性教学法、探究式教学法、游戏法等。其中，大约有74.19% 的教师使用传统教学法教学，这种教学方法的优点就是有利于集体教学，可使学生在教学中全面地了解教学内容和掌握技能，缺点是在教学中学生始终处于被动接受的地位，不利于师生之间的交流和互动，忽略了学生的主观能动性；有 6% 的教师采用合作性教学法，该教学法有利于培养学生的社会性和集体性，有利于学生之间的交流和互动，但是对传统武术教师的教学能力提出了更高的要求；有 4% 的传统武术教师采用自主性教学法，该教学法有利于培养学生积极独立思考的能力，但是教学不容易组织，要求教师在教学过程中一定要加强安全意识教育，做好防范危险的意识；有 3% 的教师采用探究式教学法，该教学法有利于提高学生发现问题和解决问题的能力，但是对教师的教学能力提出了更高的要求；有 9.68% 的教师采用游戏教学法，该方法是教师组织学生做游戏来完成教学任务的一种教学方法，游戏中的情节和竞争、合作等要素有利于培养学生独立思考和判断的能力，是传统武术教学中常使用的一种教学方法，但是在传统武术教学过程中，教师一定要加强安全意识防范的教育，说明游戏的真正目的，防止学生产生攻击性行为。

传统武术是对认知的学习，其教学更注重技术的传授，所以在武术教学中运用多媒体技术进行教学，可使学生产生良好的感官效应，使学生更加清晰地认识动作技术并形成一定的动作记忆，进而更好地完成既定的教学任务。据统计，目前仅有 17.8% 的传统武术教师将现代化的教学技术运用在教学中，因此，在传统武术教学中如何将多媒体、教师和学生三大要素有机地结合起来，更好地实现传统武术的教学效果，是今后努力发展的方向。

2. 组织形式现状

这里的组织形式主要是指教师在课堂中对学生人数的控制。据《数据包络分析法在高校人员比例评价中的应用》中对全国 31 个省市高校中各类教职工及学生的人数状况的统计分析得出，高校在校学生数：专任教师数以（14.96 ～ 16.28）：1 的比例较为合适。而从对目前福建省高校从事传统武术教学的 100 名教师进行的调查可以得知，目前福建省高校传统武术教学中，多数班级上课人数在 25 ～ 34 人，这远远超出了国家规定的比例，师生比例严重失调。为了确保传统武术教学的质量，各高校应积极采取有效的措施，加大传统武术教师的培养力度，合理安排传统武术课程的班级人数，把生师比例缩小到最小范围，发挥传统武术教师最大的教学效率。

三、传统武术在高校中的训练现状

近年来竞技体育发展迅速，与此同时，国内外竞技武术也有了很大的发展，每年都会举办各种规模的赛事活动。然而，与之形成鲜明对比的是，传统武术的发展规模却远远不如竞技武术。传统武术的训练和比赛与竞技武术是有着很大的差距的，目前我国各大体育院校都有自己的武术代表队，但在训练体制上，往往都只重视竞技武术，而忽视了传统武术项目的发展。据对我国体育院校武术（套路）比赛的相关统计，竞技武术比赛项目共计 366 项，占 62.46%，而传统武术比赛项目 220 项，只占 37.54%。

通过调查统计可以看出，传统武术在体育院校武术比赛中的比重非常低。这反映出传统武术在体育院校的训练现状及重视程度不容乐观。另外，传统武术比赛的参赛项目还有过于集中的趋势。如大多数高校武术竞赛都集中在通臂拳、地躺拳、双刀和双鞭等的套路上，而忽视了很多其他拳种的习练。

四、传统武术在高校中的科研现状

体育科研工作是体育学科建设的基础，也是完成高质量教学的有利保障，同时又是提高教师素质的有效途径之一。武术教育活动的进行，对任课教师的专业技能和相关专业的科研能力提出了很高的要求。高校武术教师要以科研带动教学，更好地投身于教学改革，形成科研和教学之间的良性互动，从而更好地促进传统武术教学的进行。

目前来看，我国大部分高校武术教师都具有较大的学术潜力，但缺乏浓厚的学术氛围。高校的部分武术教师对科研不够重视，将会对武术运动的可持续发展产生不利的影响。我国的武术教师有着年轻化的趋势，他们参加工作年限少，理论知识、经验、科研意识有所欠缺。而对于我国武术发展来说，年轻教师是未来武术教学、科研的生力军，加强对其科研能力的培养和强化其科研意识是未来武术发展必须面对的一大问题。

我国武术的发展已经呈现出竞技化、大众化、市场化和国际化的趋势，而武术科研却跟不上武术发展的脚步。武术科研有着众多的研究方法，这些研究方法各有优势并具有良好的效果。但根据我国的实际，中华武术的体系庞杂而完备，武术的基础还是在民间，在社会。因此，我国对社会和民间武术的研究会占用过多的资源和精力，从而阻碍了我国武术科研的进展。除此之外，综合利用各学科知识、跨学科研究是现代体育科学研究的主流，而对于高校武术研究来说，其研究还大都局限于学校方面，综合和跨学科的研究方法是很少见到的。

目前，我国的高校武术教学师资队伍较少，专职武术教师数量更少，武术公共课任课教师的水平也具有较大差距，相当一部分教师的武术技能和理论基础并不深厚和全面，这在很大程度上影响了我国高校武术教学的质量，不利于武术在高校中的推广。而武术要想吸引更多的学生进行学习和锻炼，必须要求高校的武术教师具备较好的示范能力和专业教学的组织能力。而我国的高校体育教师由于缺乏必要的武术培训导致专业知识水平较低，严重阻碍了武术教学的发展。从目前来看，从事武术教学工作的绝大部分体育教师都只是在大学期间普修过一些武术套路，教学内容也仅仅只有几个初级套路而已，因而其武术技术水平可想而知，在武术理论知识方面缺乏系统学习，因而也相对匮乏。因此其传授一些单纯的动作技术还可以，至于挖掘中华武术传统、发扬民族精神、传播民族传统文化、推动高校武术教学改革等则是力不能及了。

第二节　武术文化在高校教育中的传承与发展

一、武术文化在高校教育中传承与发展的历史

根据不同的培养目标和指导思想，我国高校中武术课程发展的历史大致可以分为两个阶段：一是武术专项课程阶段；二是武术专业课程阶段。武术专项课程阶段是指从新中国成立初期至 1987 年国家教委确立传统体育类武术专业之前这段时期，在这一时期，体育院校的武术教学是以单一科目、单一运动项目课程形式出现的，因此被称之为武术专项课程；而武术专业课程阶段是指成立武术专业之后的时期，在这一时期，武术专业教学是以与武术相关的多门单一课程组成的课程群、课程体系的形式出现的，被称之为武术专业课程体系，这一时期就是武术专业课程阶段。

目前，我国的武术专业课程仍然沿用原来培养运动员和体育教练员的模式，尚未形成适应民族传统专业时期的武术专业课程指导思想和制度安排，这与我国的体育体制改革的

滞后有关。以前的武术课程设置体系存在着各种各样的问题，如继承与发展存在矛盾、传统与现实分离、理论与实践脱节等，而到今天为止，这些问题仍旧存在，因此要想使得传统武术在高校中取得进一步的发展，就必须厘清传统武术发展的本质，建立一个合理的高校传统武术教学的体系，以促进其更好、更快发展。

传统武术在漫长的历史演进过程中，形成了一系列比较成熟和系统的理论和方法，这些理论与方法包含了对传统哲学、传统医学、兵法等的认识，体现了人们对技击规律的不同探索和积极把握，但传统武术教学仅仅将武术视为一项运动技术，课程的内容也大多只是竞技体育项目。这样就导致了传统武术的技术逐渐趋同，而那些承载着先辈探索经验及其心路历程的许多传统技术逐渐流失，其中包括许多优秀的拳种技术出现断层和缺失。

中国的传统武术不仅是现代武术的基础，更是今后其健康发展和永葆活力的源泉。如果出现技术断层和缺失，势必会影响将来的发展。中国传统武术之所以能够流传至今，就在于它能够满足人们的多种价值追求。而在这些价值中，技击应该是武术今后相当长的一段时期内的首要目标。不同的门派在技击上具有不同的风格和特点，这体现了先民对技击规律探索的积极成果。由于社会时代的变革和发展，对于今天的大多数人来说，不可能有大量的时间和精力用于对技击规律的探索。如果再不能通过高等教育对传统武术进行继承和研究，那么凝聚在其中的许多重要信息将不可避免地丢失，轻则将使我们的专业课程因没能站在前人的肩膀上继续发展而走许多不必要的弯路，重则在竞技武术的强势冲击下逐渐趋同。武术技术传授的断层和缺失，使得现代武术专业课程逐渐失去其赖以继续发展的多样化基础，进而有可能使武术失去其本质特点。

二、武术文化在高校教育中传承与发展的优势

（一）有利于促进学生的身心健康

通过传统武术练习可以促进身心健康、增强体质，同时可以改变心血管系统、呼吸和神经系统、肌肉的应激性和稳定性，随着学习压力的增加和社会压力的增大，目前高校的大学生心理承受能力较差，因此可以借助于传统武术教学，培养大学生勇敢顽强、意志坚定、勇于进取、积极乐观的优秀品质。

（二）有利于提高学生的审美能力

传统武术融合了中国传统美学，传统美学中的“气、形、神”在武术中都有所体现，所有这些，无不体现了传统武术博大精深的美学魅力。通过传统武术教学，引导学生从美学角度认识传统武术，使学生得到美的熏陶，提高审美的能力。

（三）有利于培养大学生的民族自豪感

中国传统武术中有许多武林志士和史诗般的英雄人物，他们是人们心目中的英雄，他们的侠道主义以及爱国故事被人们广泛传诵，这成为爱国主义和民族精神的最好的写照，如岳飞抗金、戚继光抗击倭寇、郑成功收复台湾、义和团抗击八国联军、霍元甲痛击洋力士、蔡龙云打败外国拳击手等。他们的爱国精神和民族气节对培养大学生的爱国主义精神和民族自豪感都起着不可估量的作用。

（四）有利于加强学生民族文化学习意识

当前一些大学生存在着对民族文化了解越来越少的问题，传统武术是中国传统民族文化宝库里的瑰宝，有着极为浓厚的人文底蕴与丰富的文化价值，要解决这一问题，就要在高校发展传统武术的教学，从而不断强化学生民族文化学习的意识。

（五）有利于提高大学生的思想道德素质

大学生的民族精神教育和传统文化教育日趋薄弱，传统武术是我们对大学生进行传统文化教育和民族精神教育的重要途径。武术具有自强不息、厚德载物的精神，激发了大学生的爱国热情和民族自豪感，培养了他们高尚的人格和良好的道德情操。

（六）可克服教学内容陈旧、单调的局面

我国的传统武术源远流长，经过几千年的发展，已经形成了种类繁多、技法鲜明、文化内涵丰富的运动体系，如果加强对传统武术的发掘和整理，相信还会出现更多、更优秀的技击项目。传统武术按其技法特点分类，通常可分为以下四大类：一为形意、八卦、太极；二为通背、劈挂、翻子；三为地躺拳、象形拳等；四为少林拳等。传统武术如此丰富的内容体系，使得每个学生都能在其中找到自己喜欢的一种，它能较好地扭转高校武术教学内容陈旧、单调的局面。

（七）传统武术的地域性便于在高校的开展

我国幅员辽阔，历史文明悠久，而传统武术在其漫长的发展过程中，与各地的自然环境、民风习俗等相结合，逐渐形成了明显的地域性特征，这种地域性特征决定了不同风格的拳种在当地具有群众基础雄厚、人才资源丰富、易于发展的优势。中国传统武术向来有“南拳北腿，东枪西棍”“北少林，南武当”之说。因此，各地高校在武术教材和教学内容的设置上可以因地制宜、就地取材，从当地的实际情况出发，选取学生喜闻乐见的拳种，注重由于地域差异而产生的不同流派、不同拳种在武术教学中的运用，完善当地高校武术课堂教学体系，提高武术教学课的质量，从而促进我国传统武术的发展。

（八）有利于促使学生形成终身体育的观念

传统武术具有自己非常鲜明的特点，其技术动作简单、实用；套路短小精练，易学易练，便于接受；训练形式多种多样，有提高技击实战能力的单势练习，也有注重表演效果的套路练习；既有灵活多变的形体组合，又有固本培元的内功修炼；既有个人的独自操练，又有多人的对打实战；既可凝神静气，又可吐气发声；既有拳术练习，又有器械演练。总之，传统武术练习可以不受时间和场地等客观条件的限制，随时随地，信手拈来。传统武术的这些特点有利于培养大学生的个性，有利于充分调动他们学习的积极性、主观能动性，有利于促使学生形成终身体育的观念。

（九）从事传统武术教育可满足大学生求知的欲望

中华民族有着五千年的文明发展史，而传统武术作为中华民族灿烂文化的一部分，是与其密不可分的。传统武术在形成和发展过程中，始终受到中国传统文化形态的深刻影响，因而就蕴涵了丰富的文化背景和人文思想，也就成了一种独特的民族文化的载体，它从内容到形式都表现了中华民族的优秀品质和民族精神。因此，中华传统武术进入高校课堂是非常有必要的，它对继承传统文化、培养民族精神具有十分重要的意义。大学生从事传统武术文化教育，不仅能够提高自己的行为修养水平，还可从中感受中华民族传统文化的博大精深，从而培养自己的民族自豪感。

（十）传统武术富于健身性和技击性，可激发大学生的学习兴趣

传统武术最重要的两个特征就是健身性和技击性，这也是人们习练武术最重要的原因之一。在冷兵器时代，传统武术的技击性非常高，上至军国大事，下至黎民百姓为个人利益而进行的格斗等，都离不开武术，因此在那个时代，武术是杀敌、卫国、保家、立命的重要手段。而到了近现代，随着冷兵器时代的结束，武术的技击性逐渐衰弱，取而代之的是健身性逐渐增强。

在科学技术高度发达的今天，随着生活节奏的加快，人们面临的压力也越来越大，于是各种“文明病”随之产生了，在这样的情况下人们就更加渴望拥有一个健康的体魄；另外，社会上同时还存在一些不安定因素，如各种犯罪活动时有发生，人们需要采取必要的措施和手段来保护自己的人身和财产安全。所以，具有技击性的武术就受到人们的广泛喜爱。在当代，面对竞争激烈的社会，大学生不仅希望有一个强健的体魄，投身社会、一展才华，更希望能够掌握一种防暴制暴的技术，在保护自我的同时，也能够服务于社会。因此，健身性和技击性较强的传统武术能够很好地满足大学生的这种需求，有利于激发学生习练武术的兴趣。

三、武术文化在高校教育传承与发展中存在的问题与解决办法

（一）武术文化在高校教育传承与发展中存在的问题

1. 传统武术教育的人才匮乏

新中国成立后，我国采取竞技体育优先发展的政策，因此，在这样的大环境下，中国武术的发展也呈现出竞技武术一统天下的局面。武术人才的培养在这一时期也逐渐形成了一个较为稳定的人才模式系统。经过竞技武术模式系统培养出的武术人才又服务于各级学校的武术教学工作，作为周而复始的竞技武术人才模式的传播者。在这样的形势下，传统武术的发展就理所当然地转入低谷，其人才日渐贫乏，因此，传统武术在高校中要想取得更好的发展，就必须解决好人才匮乏的问题。

2. 武术文化得不到应有的重视

近年来，随着中华传统文化的不断传播，武术作为传统文化的优秀代表，正在逐渐受到重视。但是，各级教育部门并没有对其引起相应的重视，高校作为武术的重要传播地尤其如此，受竞技体育的影响，高校的体育教学大多追求竞争性，追求量化，将武术仅仅作为一种与其他竞技项目相类似的体育运动形式，忽略了武术的深刻文化内涵和教育功能，忽略了武术项目自身的特殊性。

3. 传统武术内容繁杂、拳种众多

中华传统武术经过几千年的发展和演变，逐渐形成了风格各异的众多门派。20 世纪 80 年代初，在对武术的挖掘整理中，查明了全国源流有序、自成体系的拳种大约有 129 个，而每个拳派又包括不同的拳术和器械套路。面对如此众多的拳种内容，传统武术进入高校体育课堂的内容设置问题，就成了我们首先要解决的关键难题。

（二）武术文化在高校教育传承与发展中的解决办法

1. 结合当地实际，注重实效

在中华传统武术进入高校体育课堂的项目设置上，我们要根据各高校所处的不同地域，选择在当地广泛流传的优秀拳种，并对其进行精心设计和认真改造，使之更加适合大学生身心发展的特点。然后再有计划地分批进入学校的课堂教学，逐步完善、丰富我国的传统武术教学体系和内容。

2. 加强武术人才建设，注重学校与地方的结合

在传统武术人才建设方面，当地政府和教育主管部门要高度重视传统武术组织者、管理者的桥梁作用，积极为当地高校和武术团体牵线搭桥，促进二者之间的交流与合作；加

强高校体育教师在传统武术方面的业务培训，加深他们对传统武术中所蕴含的传统文化的理解，提高他们的传统武术教学的业务水平。另外，还可以积极邀请当地武术优秀传人到学校传授技艺，积极引进当地优秀拳种进入学校体育课堂，弥补学校传统武术教学的不足。同时，各武术门派要克服封闭保守的思想，与时俱进，锐意改革，积极走进高校校园传拳授艺，积极利用高校的科研优势，加强对传统武术拳种的研究，促进传统武术的发展与提高。

第三节　传统武术在高校中传承与发展的途径

一、大力抓好学校武术教育基础教学

抓好我国高校传统武术基础教学的具体措施主要包括以下几个方面。

（一）开设传统武术普修课

传统武术传承中华民族优秀文化，所以要进行广泛普及和推广，需要无数高素质的年轻人的弘扬和传承。在大学虽然已经开设了传统武术选修课，但一些领导不重视，传统武术仍然得不到发展，只有真正把传统武术教学纳入高校教育中，成为普修课，才能得到师资、课时、器材上的保障，传统武术才能得到更好的普及。

（二）增加传统武术课外活动

高校武术的发展仅靠课堂内的教学活动是远远不够的，课外武术活动的开展也必不可少，它在一定程度上也会促进课堂教学。因此各高校一定要重视课余的武术活动的开展，并将其视为武术教学工作的重要环节。高校传统武术教师要积极参与课外体育活动，这就要求各高校采取多种措施来提高教师参与课外武术活动的积极性。为促进课外武术活动的开展，高校武术教师可积极鼓励一些有利于课外武术活动进行的社团组织的发展，如武术协会的成立，使课外活动的开展更规范、更有组织性，形成对课堂教学活动的有力补充。鼓励武术组织的发展，还要注重培养社团组织中的骨干力量。武术专业教师要对社团中的学生进行帮助指导，让他们获得更快的进步。通过社团组织的一系列活动，可提高学生对武术的认识，形成良好的习武氛围，这不仅有利于学生综合素质的提高，也有利于高校武术运动的开展，同时还响应了国家全民健身的号召，从而使得中国传统武术这一民族优秀文化得到传承和发展。

课外武术活动是高校武术开展的重要组成部分，它可以极大地促进高校传统武术的发展。因此，在高校中一定要重视课外的武术活动，将课堂教学与课外武术运动开展结合起来。在课堂内部，学生掌握必需的基本知识和技能，在课外活动中，学生对课内教学内容进行消化。课内教学和课外活动的共同发展，才能促进高校武术运动的发展。

（三）加强传统武术理论的建设

传统武术的理论是民族传统体育现代化的重点，应从多学科角度对传统武术文化进行系统、深刻的研究，并多方位、多层面地对民族传统体育中所蕴含的文化内涵进行科学的理论探索，才能获取传统武术文化的本质特征、价值功能及其发展规律。

（四）充分发挥学生武术协会的作用

学生协会已经成为高校学生进行思想交流和文化传播的重要平台。武术协会可以让更多的学生了解传统武术的各种功能，在校园内营造良好的氛围；武术协会还可以编排精彩的传统武术节目进行表演，开展一些竞赛活动，以吸引更多的学生加入传统武术锻炼的队伍。

（五）合理制定教材，注重内容的创新

高校传统武术要想取得更好的发展，合理的教材和优秀的内容是必不可少的。在高校武术教学中，必须重视武术教材的更新和教学内容的改革。武术教学内容的改革并非易事，首先需要高校武术教师转变观念，树立“健康教育”和“终身教育”的思想。在教学内容改革中，对原有的学生喜爱的武术项目要继承，同时要开发新的学生感兴趣的内容，教学改革还要包括课程结构和教学手段的改革，改变单一的套路教学和传统的教学方式，运用新理论知识，采用新的先进的教学手段进行教学。教学内容的改革，使学生对武术学习的兴趣得到激发，而多种教学方式的运用，为学生学习提供了方便，学生学习的自觉性和积极性得到调动，教学活动就能达到最佳效果。

我国高校传统武术教学中的教材存在着各种各样的问题，而教材在高校武术教学中发挥着重要的作用。教材不仅是教师教学的工具，而且是学生学习的向导，其质量影响着高校武术教学的质量，也制约着学生对武术知识和技能的掌握。因此，为了促进高校武术教学更好更快发展，编写与现代武术教学相适应的教材，保证教材的规范、系统和科学性具有深远的意义。在编写教材的过程中要严格要求，完善教材内容，同时要与国外的一些先进的理论观点相结合，保证教材的科学性。在编写过程中，还要注意教材的实用性、趣味性和可读性，增加学生对学习武术的兴趣。在教材中既要有对武术理论知识的讲解，也要有对武术具体技术动作的介绍，让学生理解武术的内涵，掌握武术的基本技法。

中国传统文化与武术之间存在着十分密切的关系，在高校武术教学中，中国传统文化内容的讲授必不可少。学习传统武术就必须了解中国传统文化。中华武术博大精深，正是

由于受到了中国传统文化的影响。只懂得武术的技术方法，而对中国传统文化一知半解，就没有真正了解其中的精髓。大学生作为学校教学的对象，承担着继承和弘扬民族传统文化的责任和义务。中国传统文化中的儒道思想，深深地影响着武术的发展。中国传统文化的教育思想在武术的拳法、拳理中一一得到体现。教师在课堂上教授学生基本动作的同时，还要注重武术理论以及武术传统文化思想的传授，这样不仅能加深学生对武术动作的理解，也能够让学生真正理解武术运动的内涵，也才能真正促进高校武术教学的发展。

另外，高校武术教学的考核也是至关重要的，它关系到检验教学的效果以及学生的学习情况。目前，高校武术教学中的考核制度存在着不合理的因素，必须进行相应的调整和改革。在改革中要根据课程的目的、任务与要求，积极探索，保证考核制度的合理性与科学性。考核中要以人为本，注重考核内容的选择，采用多样化的考核形式，并根据学生的具体实际，进行科学、合理、客观的评价。科学考核制度的建立会对高校武术的发展起到非常重要的作用。

（六）加强学校对传统武术教学的重视

学校应该加强对传统武术社团、体育课的重视，适当划拨活动经费，兴建活动场馆和更多的开放性体育场馆，为社团活动提供必要的支持。学校本身的占地规模较小，致使体育场地占地面积受到制约，场馆已无法满足前来锻炼的学生的需求。

（七）加强高校传统武术师资队伍建设

师资队伍的建设关系到我国高校武术教学的发展，要提高我国高校武术教学的质量，就必须要加快师资队伍的建设。而我国的高校武术师资主要来源于体育院校，这就要求各体育院校做好如下相关工作。

第一，各体育院校需要随时关注客观现实，根据高校师资需求情况对武术教学的内容进行调整，培养出符合需要的师资，体育院校还要与普通院校相结合，加强联系，共同促进师资培训的进步。

第二，各体育院校要建立自己的教学体系，这直接影响着师资队伍的水平。提高师资队伍的水平，必须要求各体育院校的教学内容和课程设置要根据现实需要，在注重基本技能培养的同时，深入研究各类健身的功法机理和理论方法。国家政府部门也应为加快师资队伍建设发挥自己的作用，如为体育院校创造条件，加强高校武术教师的培训，鼓励高校武术教师进行武术方面的科研等，多方面、多形式加快高校武术教学师资队伍建设，促进高校武术教学的发展。

师资队伍质量的好坏关系到高校武术教学改革的成败。目前我国高校武术教师素质的提高主要通过武术业务培训和武术科研两个方面。我国的高校武术教师不断年轻化，教学经验和科研经验相对缺乏，这时候就需要一些经验丰富的教师发挥带头作用，对青年教师进行指导，传授经验，促进青年教师的迅速增长和高校武术教学的发展。师资队伍的建设还要注意对高校武术教师教学技巧的培养。教师的教学技巧在武术教学课堂中起着重要作用，直接影响着学生的学习兴趣以及学习效果。语言表达对于教师非常重要，它是教师进行教学活动的主要媒介，武术教师在教学中要注意语言表达的技巧性，授课要清晰准确、凝练简洁，并且要注意逻辑性和生动性。武术教师在教学中经常采用生动形象的语言，对提高学生练习兴趣和教学效果有着积极的作用，如讲解武术动作时运用具有非常形象的比喻，可以让学生听得饶有趣味，也能使动作要求更加形象，使学生明确动作要求和完成动作的方法。高校武术教师要具备敏锐的观察能力，积极观察学生的学习态度等情况，适时对学生进行表扬鼓励，提升学生的自信心。另外在武术教学中要平等对待学生，做到一视同仁，同样看待，对接受能力好的学生要积极表扬，对待接受能力差的学生，要具有耐心，多进行鼓励，给予热情指导，提出改进意见，使学生深刻体会到教师的热忱、亲切、真诚。

（八）探索适合传统武术发展的教学模式

现代教育技术的发展为高校武术教学提供了新的手段和方法，充分利用快速摄像、刻录、拍照、多媒体制作等高科技手段，并结合武术的全过程，可把学生学习的过程及新练习的动作以影像的形式非常形象地展现在他们面前。现代化的教学手段形象生动，能够容纳较多的知识，并且更新非常及时，不仅可以减轻教师备课的压力，以便把时间多用在指导学生和从事武术教学科研方面，还可以让学生更容易地掌握武术基本知识和技术方法，方便学生解决问题，同时增强教学过程的趣味性，让学生在教学中体会武术学习的快乐。因此在教学中，要积极采用现代化的多媒体教学方法，发挥现代化教学手段在武术教学中的作用。

另外，教学模式对传统武术教学的效果影响也是非常大的，武术教学中要注意利用合理的教学模式，创造良好的教学环境。要完成学习任务，最主要也是最有效的手段就是引发学生的学习兴趣和学习动机，让学生自主学习。对武术教学进行改革，武术教师应该将更多的时间用在组织教学上，改变以往课堂上生硬灌输教学内容的传统。教师在课堂中组织学习，要采用多种方法，并且要根据现实条件以及学生的实际情况来进行。武术教学中，现代教学方式的运用同传统的方式相比，对学生的积极作用更加明显，学生在课堂中不仅掌握了应掌握的武术基本知识和技术动作，精神品质也得到了培养，并且增强了对武术学习的兴趣。在武术教学中，教师还要采取合适的教学方法，培养学生的自信心，并同学生建立起平等的关系，营造融洽和谐的课堂氛围，这样就能充分发挥教师和学生的主观能动性，取得最佳的课堂效果。

（九）加强学校传统武术教学基础设施建设

良好的教学基础设施是教学质量的保证，只有具备较好的教学条件，武术教学活动才能达到预期的效果，因此武术教学基础设施对武术教学活动非常重要。场地、器材是武术教学中的重要部分，目前在绝大多数高校中，体育场地、设施的建设相对滞后，从而未能为高校体育教学提供良好的教学条件，也影响了武术教学的发展。

因此，为提高武术教学的质量，获得预期的教学效果，各高校应该为教学积极创造教学条件，这就需要各高校认真分析自身具体实际，利用各种条件克服困难，建设运动场地并购置器材设备，为学生的训练提供条件。在场地方面，还存在着资源浪费的现象，高校应该合理安排教学实践，提高场地的利用效率。高校领导也应该重视起来，加大对武术教学基础设施建设的投入力度，为学生营造出一个良好的学习环境。另外，在政策方面也要给予武术教学相关的人员优惠，调动教学人员以及学生的积极性，从而推动我国高校传统武术的发展。

二、转变和革新旧有的传统武术思想观念

由于当时的社会环境以及习武之人自身素质的限制，武术大多被看作是一种“绝技”，往往采用家传、族传或宗传方式，秘不传外人，因此，武术基本没有开放性可言。因此，传统武术需要构建一个全新的开放体系来适应时代发展的潮流。

目前来看，中国传统武术的发展前景不容乐观，竞技武术的快速发展使得现代武术运动出现竞技武术“一条腿走路”的现状，由于竞技武术的飞速发展，使得很多人认为竞技武术成了中国传统武术的全部，这是一个极其错误的认识。中国传统武术中具有丰富的中华民族传统文化的内涵，竞技武术绝对不能代表整个中华武术，这是每一个习武之人应该达成的共识。在现今的传统武术训练体系中，其包含的文化因素较少，而真正能了解武术中所包含的传统文化内涵的人也不多。中华传统武术要想走上符合时代发展的现代之路，就必须高度重视其文化价值，使现代竞技武术与传统武术文化相互促进、协调发展，走上可持续发展的道路。这就需要高校以及社会从业人员彻底改变现实中武术教育传承的不良观念，继承中华传统武术教育传承中的精华，去掉其不合理的成分，构建出全新的武术发展体系，树立起全新的武术教育传承观，改变现今“技术武术”的发展倾向，把武术的推广纳入“文化武术”发展的轨道上来。

三、处理好传统武术与竞技武术之间的关系

竞技武术是传统武术为适应武术国际化的产物，传统武术是竞技武术的基础，两者是源与流的关系。传统武术和竞技武术要和谐、统一发展，传统武术就必须在配合竞技武术的同时，吸收竞技武术走向世界的发展经验，并且更好地改革和完善自己，从而为传统武术的快速发展奠定良好的基础。

四、确立学校武术文化教育传承“主阵地”的地位

1912年，中华传统武术进入学校教育，创立较早的中国体操学校第一次将武术列为学校教学内容之一。1915年，中国国民政府发表明令“各学校应添授中国旧有武技”，因此，武术被列入学校体育课程走上了合法化的道路。

新中国成立后，武术作为优秀的民族文化遗产受到高度重视。在20世纪50年代，武术被列入中、小学体育教学大纲。1961年教育部组织修订的《中小学体育教学大纲》中规定，武术在小学体育课中每学期为6学时，中学为8学时，教学内容包括武术基本功、初级长拳、武术操、青年拳等。1992年国家教委颁布的《体育教学大纲》中也规定，武术在小学体育课中每学期为6学时，中学为8学时。其教学内容为传统的五禽戏、基本动作、组合动作、武术基本功、武术操、少年拳，初中为健身拳、青年拳单练、对练等。这使得学校的武术教育机制走上了正常的发展轨道。

在中小学武术教育的基础上，大学武术的教育发展非常迅速。在各高等院校的体育教学大纲中，武术所占的比重、教学时数与中学差不多，但在武术师资力量、教学效果等方面都明显优于中小学。体育院校自20世纪50年代中期开始把武术列为正式课程，为了统一和完善教材内容，1961年组织专家编写了体育院系本科讲义《武术》，规范了武术教材。发展到现在，武术课已经成为高等体育院校课程体系中9门主干课程之一。自1978年起，体育院校恢复武术本科生与研究生的招生，并在1985年开始授予武术研究生教育学硕士学位。之后，国家学位办先后批准上海体育学院、北京体育大学设立武术专业博士学位点，使武术教育步入现代科学文化领域，成为培养高层次专门人才的专门学科。发展到现在，武术与体育运动训练专业、运动人体科学专业、体育教育专业以及社会体育专业并列成为体育学科的五大专业门类。武术运动在继承传统的基础上进一步向科学化迈进。

在学校确立武术文化教育传承“主阵地”地位的具体措施和手段包括以下几个方面。

（一）加强传统武术制度建设

为了确保武术运动在学校的顺利开展，国家相关教育部门应该设立专人负责武术运动进入学校体育工作的规划、指导、管理和协调；在制定学校体育教学大纲时，应把武术作为学校体育教学的优先项目和重点项目进行推广；加快与学校相配套的武术教材和民族传统体育教材的建设工作；结合武术段位制在全国的实施与推广，将武术初段位标准相应列入各级学校的青少年体育锻炼标准，从制度上保证武术运动在学校体育教学中的地位和作用。

（二）加强传统武术教育的宣传

传统武术运动在高校中的推广普及，首先在于人们对武术运动认识上的改变。各种宣

传媒体应积极宣传传统武术在学校体育中的地位和作用。传统武术对青少年儿童的健身作用和文化教育价值，使社会上更多的有识之士认识到传统武术作为学校教育的重要内容之一，应该得到大力的推广和发展，使越来越多的学生重视民族传统体育的学习和锻炼，自觉形成热爱民族文化、尚武崇德、习武健身的风气和习惯。

（三）加强校内、校际的交流与合作

加强高校校内与校际传统武术的交流与合作，对武术运动在学校体育教育中迅速发展具有“催化剂”的作用。武术运动作为我国传统的优秀体育项目，发展到现在已经成为各高校运动会中必须参加的比赛项目。为了取得更好的发展，学校相关部门可采取强制性的政策来约束和加强人们对武术运动的认识和观念的改变，并引起各级领导对武术运动的重视，从而加强武术运动在学校教育中的地位，促进传统武术在学校教育中的大发展。

另外，传统武术比赛项目的选择也应该具有针对性和强制性。在高校间举行的武术竞赛项目应与全国体育运动会武术比赛的项目设置大体相同，特别是大学生运动会武术比赛的项目设置应与全国体育运动会武术比赛的项目设置完全一样。而在学校之间开展的武术单项运动会，更能推动学校武术运动的快速、合理、有序发展。

第八章　传统武术传承与发展体系的多元构建

21 世纪是多元文化交织的信息时代。在新的时代背景下，传统武术要获得良好的传承与发展就需要走多元化的道路，对多元发展体系进行建立与完善。本章对多元文化视角下传统武术传承与发展体系的构建问题进行了深入的分析与研究。

第一节　多元文化视角下传统武术的传承与发展

一、举办社区民族武术交流活动

武术运动在我国拥有广泛的群众基础，然而社区民族武术的组织却相对处于松散状态，组织与管理方面的工作还不到位。在市场经济环境下，社区民族武术运动的发展离不开对全面健身的倡导和相关交流活动的举办。

武术协会的成立在我国取得了一定的成果，其在国外的发展前景同样一片光明，因此，要推动我国社区民族武术的国际化发展，促进我国武术运动在更大的舞台上展示魅力，就需要开设相应的国际社区民族武术协会。

在发展社区民族武术的实践过程中，要加强对社区民族武术健身理论体系的构建，对有效的健身方法进行科学选择，对短小简练且易学、易推广的武术套路进行创编，从而使社区居民在参与过程中达到良好的效果。

社区民族武术具有突出的通俗性及广泛传播性特征，这正是其顽强生命力的表现。社区民族武术的文化氛围具有独特性，因而其不仅健身功效显著，而且文化内涵丰富。社区居民参与该项运动锻炼，不但可以增进健康，而且能够从中对人生的真谛进行感悟，从而获得身心放松。

随着社会的日益进步，构建和谐社会的进程不断加快，传统武术的社会发展面临着新的机遇，传统武术要在这一机遇中实现健康快速发展，就需要充分发挥自身在全民健身中的价值与影响，促进全民族人民健康素质的提高。

二、促进多元文化和武术文化的融合

多元文化之间的交融与接触是实现文化融合的基本途径，在这一途径中，各种文化相互尊重、互补互利、相互促进，并在此基础上为了共生和共赢的目标而共同努力。

各民族对自身文化的客观认识与理解存在一定的局限，而且很难全面深入地理解本民族文化。通过多元文化的交融来加强对自身文化的认识与理解是突破这个难点的关键，在多元文化视角下认识本民族文化，能够在更高的深度上得到相应的理解，如此才能从自身文化及支撑这一文化的价值中获得自由。

在人类社会的发展中，文化融合与文化冲突的存在都具有客观性，而且深刻影响着人类的发展历史，但影响的结果却不同。文化的融合促进了人类的和谐发展，使人们有机会对各种优秀文化进行欣赏。

全盘西化和排斥传统文化的观念曾长期影响着我国文化的发展，包括武术文化在内的中国传统文化也因此而遭受了重创。造成这一局面的原因不仅在于我国传统文化裹足不前，更在于人们思想与价值观存在盲目性。因此，在之后的传统武术文化发展中，我们应克服盲从的认知，以辩证的视角来推动武术文化与其他文化的融合。

中华民族的传统文化精神在我国传统武术文化中有集中的反映，我们在加强武术文化与其他文化相互融合的过程中，应该对武术文化的相对独立性进行维护，并在融合过程中对我国武术文化的独特本质加以充分的认识，如此才可以在世界文化中明确我国传统武术文化的定位。

三、促进中西方文化的交流

全球化时代，丰富多样的文化和意识形态相互摩擦与碰撞，人们也达成了一定的价值共识，这为世界文化的繁荣提供了基础与前提。我国传统武术文化对世界文化的繁荣发展起到了不可磨灭的作用。

邀请我国武术教练去担任武术教练员或指导员工作的国家和地区并不少，很多国家还派了专门人员来我国习武，我国也经常派武术代表队去不同的国家表演，并派相关人员去推广与传授我国传统武术运动，中西之间的文化交流日益频繁。

随着我国武术运动的发展及其国际影响力的扩大，国际武术联盟、国际武术联合会等多种形式的组织在各国武术组织的共同倡议下相继成立，许多亚洲武术锦标赛和国际武术邀请赛都是由这些组织承办的，可见武术组织对推动武术的发展和交流具有突出的贡献。

现阶段世界上开展武术运动的国家与地区已经超过百个，这极大促进了我国武术运动的对外发展与世界体育文化的繁荣。

各国优秀体育文化的融合促进了国际体育运动的火热发展，各国体育取长补短，促进了国际体育发展的多元化。国际体育中，各民族体育文化形式的共存，体现了竞技体育的平等、竞争等精神，这些精神与我国传统武术文化相互交融与碰撞，有力地影响了传统武术的传承与发展。

四、以保持武术文化的民族性为前提

在全球化大背景下，国家和民族的文化都需要置身于世界文化的大家庭中才能获得新的突破与发展，因而要摆脱传统的封闭发展模式，加强与世界文化的融合。

多元文化共同构成丰富多彩的全球文化，全球文化的发展实际上就是各民族多元文化的发展。世界文化的形成与发展以民族文化为基础和前提，没有这一基础，世界文化无法形成，更谈不上多元发展。各民族传统文化在全球化中呈现出了新的发展特征。各民族文化的相互交流与融合因为全球文化的一体化而进一步加强，民族文化保持一定的开放性才能获得更长远的发展。

世界文化的存在与发展都离不开民族文化，但在全球环境中，民族文化的发展不能以牺牲自身风格与个性为代价。当前我国积极倡导与国际接轨，接轨的过程中我们首先要保护好文化的民族性，倘若文化的民族性与风格丧失，那么我国的文化也就毫无生命力可言。

综上所述，在全球化的今天，我们应对传统武术文化进行积极的弘扬，促进武术文化中民族精神实质的不断深化，在保持传统武术文化个性的基础上，促进其在多元文化浪潮中的进一步传承与发展。

第二节 现代社会背景下社会武术的传承与发展

一、社会武术内容的传播要有针对性

武术的传播要有针对性，只有针对某一群体或不同的传播对象进行传播，才能使武术传播的内容和形式与该人群的需要相适应。木兰拳在社会上的传播之所以能够成功，主要就是因为其以中年女性为特定的传播对象，从而采取有针对性的传播措施。

在社会上有针对性地进行武术传播需要注意三个方面，首先根据人们参与体育锻炼的目的进行传播，其次根据人们参与体育锻炼的态度进行传播，最后根据人们对不同运动特点的需要来进行传播。

二、武馆要注重对武德的培育

作为重要的武术传播组织，武馆极具专业性。武馆在对武术运动进行传播的过程中，首先要做到诚信，不可以用虚假广告来进行传播，这是欺骗行为。同时，要对武德的传播予以一定的重视，促进武术教育功能的强化与发挥。在武馆接受武术教育的学生应讲道德，为社会做出自己的贡献。武馆重视传播武德，会产生明显的社会效益，但如果不重视武德传播，不仅会对武馆的可持续发展造成制约，还会危害社会的发展。武馆要将自身的育人功能积极发挥出来，同时将文化课程的教育充分重视起来，这不但能够促进习武者文化素养的提高，还可以吸引更多的人在武馆接受教育。在国外武术类项目中，成功传播的项目都具有突出的教育功能，因而才使家长愿意将自己的孩子送到这里接受武术教育。所以，我国武馆务必要以“诚信传播，教武育人”为基本办学准则，从而更好地发挥武馆的教育作用。

三、社会武术要充分发挥“健康娱乐”功能

健康与娱乐是新时代体育的发展走向，人类对体育的基本要求也体现在这一走向上。为了满足人类对体育的要求，在武术传播中要注意促进对武术健康功能和娱乐功能的发挥，在社会上广泛传播适合健身和娱乐的武术技术，从而使更多的人在参与武术运动的过程中获得健康与快乐。

四、社会武术传播要注重传播场所的建设

从传播学的角度来讲，武术传播场所就是武术传播的具体环境，这是传播武术必须具备的。遍布世界各地的跆拳道馆，构成了跆拳道的国际传播网络。武术的社会传播要注重建立传播场所。这种传播场所可以是小区空地、公园空地、体育场所，也可以是专门的武馆。就像全民健身器材遍布各个城市一样，武术练习场所也要遍布各地，这样才能保证武术的大众化进程，保障社会武术传播的成功。

五、社会武术传播要注重武术组织的建立

历史上很早就有通过组织的形式向社会传播武术的事例，而且都取得了一定的成效。宋朝社会武术传播的组织中，规模比较大的有“锦标社”“角抵社”等。清代社会武术传播的组织形式也有很多，其中最为典型的是武术秘密结社。近代，“中华武术会”“精武体育会”等是社会武术传播的重要组织，这些组织在武术的社会传播中发挥了积极的作用。现代社会中以组织形式进行武术社会传播的成功范例也有很多，木兰拳协会就是其中之一。

武术组织传播这个概念很广泛，既包括大组织，如中国武术协会，也包括小组织，如小区武术组织。

社会武术传播主要以组织传播这一形式为主。《体育法》中对体育社团的作用进行了多次强调，这说明法律充分保护体育的社会化。作为优秀的民族传统体育项目，武术的发展离不开多种形式的武术组织的建立。因此，传承与发展社会武术，需要加强对社会武术传播体系的建立与完善。

六、社会武术要加强社会武术指导员制度的实行

作为重要的武术传播者，社会武术指导员面向的是社会大众，武术在社会上的传播程度与效果直接受社会武术指导员数量和质量的影响。社会体育指导员等级制度自从被国家体育总局提出后就得到了迅速的发展。作为社会大众中的体育固定传播者，社会体育指导员对社会体育的发展起着关键性的作用。社会体育指导员制度的实行对于武术的社会传播非常有利，社会武术指导员制度的实行则需要由国家武术主管部门先制定相关政策。

我国实行社会武术指导员制度，需分项目进行，如形意拳指导员、木兰拳指导员、太极拳指导员等。此外，社会武术指导员制度的实行可与武术段位制相结合，达到一定段位的人可获得相应等级的社会武术指导员资格。

通过调查发现，我国社会大众中，希望自己在体育锻炼中有人指导的占绝大多数，只有很少的人不希望有人指导自己。但实际上，真正受到指导的锻炼者只占一少部分，大部分人都是自己锻炼，没有得到指导员的指导。这表明，我国目前的社会体育指导员数量较少，不能满足人们健身锻炼的要求。

七、社会武术要充分发挥段位制、会员制的传播功能

我国武术运动的社会传播离不开段位制的作用，段位制是传播武术运动的一项有效策略。实行段位制，实际上就是通过对武术技术的级别设置来激发人们的成就感，从而对武术运动进行由浅入深的传播。跆拳道、空手道等项目通过实行段位制而取得了良好的传播效果，借鉴这一成功经验，我国武术运动的社会传播也开始积极实行段位制。将段位制运用于武术运动中，需要对武术技术标准进行科学研究，并面向大众设立段位考试机构。有人认为，武术段位制只对武术界人士适用，并不适用于社会大众，这是错误的观点，只有面向大众，才能起到更好的社会传承效果。

会员制作为一种组织传播的模式，在各行业、各领域的使用非常普遍。保障会员能够获得优惠权利是会员制得以发展的关键。在武术的社会传播中，可将会员制与段位制结合起来进行实行，如此能够取得更好的传播效益。

第三节　经济全球化背景下传统武术的产业化发展

一、传统武术产业化发展总体发展情况

（一）传统武术竞赛表演产业的发展

武术产业的核心内容就是武术赛事产业，武术赛事产业对推动武术产业发展具有至关重要的意义。就我国武术赛事产业而言，始终都在进行大胆尝试与发展，并由此获得了很多珍贵经验，为今后中华武术的全面产业化发展奠定了坚实的基础。就现阶段来说，武术比赛包括很多种类型，具体有政府主办的固定赛事、个体举办的小型赛事等，但把武术当成产业发展的十分有限。我国在古代就出现了武术表演，在宫廷的武将军队中和街头卖艺的江湖把式中都可以找到武术表演的影子。不管武术表演的目的是愉悦身心，还是威慑对手，均属于武术的一种基本表现形式。随着社会经济的发展，武术表演逐渐走向现代化的产业之路。

（二）传统武术服装器械产业的发展

武术服装器械与武术运动参与者存在着不可分割的联系。我国习武人的数量庞大，但武术服装千差万别，项目差异性是出现这种情况的重要原因，但更多是因为武术服装产业长期以来的发展速度都比较慢。绝大部分武术服装均没有形成武术品牌，多数情况下依旧采用小作坊的生产模式。以“胡服骑射”为例，其全面反映了服装对专业动作的重要性，因为武术服装在过去很长时间内都没有专门的武术服装设计师，因而武术运动的专业需求一直没能得到满足。市场上销售的绝大多数武术服装都不能用于日常穿着，没有同时兼顾传统和时尚功能。这对武术服装产业的良好发展产生了很大限制。

我国从很早之前就开始制造武术器械，武术器械制造产业也表现出了良好的发展势头。从地理分布的角度进行分析，浙江丽水的宝剑制造业、河北定州的武术器械制造业、登封市少林宝剑厂、福建的散打用品制造业等是我国知名的武术器械制造者。例如，龙泉宝剑在春秋时期已经出现，截至当前已经有两千多年的发展历史，不仅获得了很多奖项，还被很多人收藏与使用，还被当成国礼送给其他国家的友人。如今，龙泉武术用品产业不仅制造宝剑，也在大规模生产多种兵器，具体涉及武术器械用品、武术收藏用品以及武术装饰用品等。龙泉武术用品产业在多数情况下都采用个体经营方式，对应企业一般都没有很大的年产值，绝大部分企业的经营规模较小，不同产品的质量存在很大差距，武术器械制造行业的无序竞争问题尤为突出。

（三）传统武术健身娱乐产业的发展

我国武术练习者的数量十分可观，不仅具备特殊的健身价值，还具备鲜明的娱乐功能，但武术健身娱乐产业的大体框架依旧没有形成。除学校专业训练队的习武者以外，绝大多数习武者都是老年人，占很大比例的武术健身活动都是群众自发、独立管理的，同时民族武术组织或民族武术社团一般只收极少的费用。

调查我国知名健身俱乐部发现，绝大多数俱乐部都没有将武术课程设置为主要课程，原因在于选课人数十分有限，选课情况和跆拳道运动形成了很大反差。武术运动包含很多种类型，使得俱乐部的武术培训内容难以达到统一性要求。以跆拳道技术动作为比较对象，完成武术技术动作的难度更大、技术要点更加繁杂，进而让很多对武术运动感兴趣的人出现了放弃的念头。武术健身娱乐业没有制定出一系列管理培训规范资格，认证标准没有落实到武术从业人员身上。达到专业性要求的武术健身娱乐场所的整体数量较少，绝大部分健身俱乐部都没有配备专业化的武术场地和武术教练员。

如今，大部分武术健身娱乐组织都分布在各地区的武术协会，真正意义上的产业并未出现。和巨大习武人数形成鲜明反差的是专业武术俱乐部的总数非常有限，大部分武术俱乐部都没能形成很大规模，武术健身项目有限且结构存在单一性缺陷，服务质量良莠不齐，许多习武者也不情愿为掌握武术技能而花费很多金钱，这些因素都对武术健身娱乐产业的发展有制约作用。从根本上说，武术健身娱乐产业就是提供无形产品的技术性服务产业，该产业要想科学发展，离不开不懈的变革，如此才能和消费者的需求更加吻合。

（四）传统武术培训产业的发展

武术培训产业的发展对传承中华武术的整体成效有重要影响，武术培训产业能够为武术产业注入强大的生命力。我国武术培训可以划分成两大部分，一部分是公办的各级体育学校运动队、公办各类普通学校、各地武术馆、武术协会组织等，另一部分是个人或个体组织创办的武术馆校，即民办武术馆校。以前者为比较对象，后者的培训人数更加庞大，后者是我国武术培训中极为关键的机构。

分析我国武术培训产业的分布情况得出，不均衡问题十分突出，产生这种问题和当地的地理位置、历史文化、经济水平有很大关系。在我国武术馆校快速发展的时期，民办武术馆校的数量十分可观。民办武术馆校不仅能肩负传承中华武术的责任，巨额经济利益和武术产业链条也在逐步形成和完善。一般来说，具备代表性的武术馆校往往会选用教育集团的发展模式，还有一些武术馆校选用以产养学的发展模式，如泉州南少林武校。另外，武术教学过程中常常会制订并实现文武兼修的教学目标。

二、传统武术产业化发展现状

（一）紧密依托教育事业的大型武术学校

我国目前比较成功的一些大型武术学校的主要经济来源是招收外国留学生和参与商业演出，顺利开展武术学校的原因通常是进行深加工并深入挖掘和发挥产品附加值的作用，在武术教育服务产品中科学投入各类资源，并打破了以往武馆收徒练功的思维定式，将办学宗旨定位成以德育人、文武兼修、向社会输送合格人才，创造了知识水平与武术水平同高的良好形势。这类武术学校具备武术教练团队的师资雄厚，文化课教育水平较高。前往这些武校学习的学生，不仅可以掌握真功夫，还能够考入高等学府完成深造，这就使武术学校具备了很大的发展优势。

（二）基于文化软实力的武术节与旅游业

举办武术节不仅能有效传承和发展武术文化，同时武术节产生的经济效益也十分可观。体育和旅游的发展存在比较密切的相关性，中华武术同样如此。中华武术的发展历史源远流长、形成的流派数量繁多，要想深入挖掘并提高中华武术的经济效益，就必须做好发源地与有关品牌的包装工作与推广工作。近些年来，武术表演与武术比赛的迅猛发展向武术产业发展注入了强大推动力。

（三）影视传媒与竞技比赛的紧密结合

影视传媒在逐步具备其他传媒无法达到的传播广度与传播速度之后，最终发展成为大众传媒的重要方式。在武术实现产业化的发展过程中，武术影视借助多种特技效果与竞技武术的形式，把中华武术的内在魅力表现得淋漓尽致，并且直接将武术的精髓展现在广大观众面前。例如，李小龙、甄子丹等人的影视作品与表演风格都深受广大群众的欢迎，也在潜移默化中对武术影视市场的发展产生了良好的刺激。电影版的少林寺与其系列兄弟之作、中俄对打与中日对打的散打对抗赛、我国的比武系列活动都是武术影视与武术竞技比赛蓬勃发展的见证。

三、传统武术产业化发展的意义

（一）有利于促进传统武术的弘扬与发展

经济基础是任何一项运动发展的前提。竞技体育发展实践证明，普及与发展体育运动必须走商业化发展之路，而促进某项运动项目商业化的一个重要前提就是推动该运动项目相关产品的产业化发展，武术同样如此。要发展武术，必须吸引众多的人群投入与参与，武术是中华民族传统文化的重要组成部分，而且具有突出的健身价值，所以我们应该向更多的武术爱好者传播武术的这些独特魅力。

当前，人们的价值标准及欣赏品位正在随着社会文明的进步而不断提高，我们必须在审时度势的基础上发展武术，要以人们不同的兴趣爱好及不同的习武群体为依据对相应的武术产业体系进行构建，既要对招式简单、易学、健身效果突出的传统武术项目进行普及，又要促进“高、难、美、新”的竞技武术的发展，争取实现中华武术进入奥运会的梦想。同时，相关学者还要加强对武术文化蕴含的研究，对其时代价值进行挖掘。要做好这些工作，就要增加财力来宣传武术运动，举办武术比赛，编排与创新武术套路，加强对武术理论的科学研究等，仅靠国家的有限拨款来完成这些工作是有困难的。发展武术产业能够使武术经费短缺的现象得到缓解，能够促进各种武术比赛、学术交流、武术科研等活动的开展，可以使武术团体、组织更有活力，发挥这些团体组织的作用，推动中华武术的弘扬与发展。

（二）有利于对武术资源的挖掘、保护和利用

发展武术产业，必须要深入挖掘和整理我国的武术资源，并加强对资源的运用，对地域特色明显的各种拳种体系进行建立，并有效保护这些资源。

（三）有利于促进经济发展、解决就业

开发武术产业能够提供相应的就业岗位，可以缓解社会就业压力大的问题，而解决劳动就业这一重要的社会问题可以促进我国经济发展，提高经济的增长率。当前我国武术产业的开发虽然比较分散，但其为第三产业的发展创造了重要的价值。我国有很多武术馆校，这些学校在吸纳武术运动员、发展武术培训方面发挥了重要的作用，同时也为社会提供了一些就业机会，使社会闲散人员可以在相应的岗位上发挥自己的作用，推动了服务业的发展。此外，有良好武术传统的地方大力发展体育产业可以有效带动中国武术文化传承与多元发展的研究，并促进当地经济的发展，同时能够使劳动生产率得到一定的提高。

（四）有利于刺激和拉动内需

刺激消费、鼓励消费是促进我国经济持续发展的主要途径，而对消费的刺激与鼓励需要对新的消费热点进行开拓，从而增加内需。发展武术产业对拉动内需和刺激消费具有非常重要的作用，同时也可以提高对社会闲散资金的吸收率。

（五）有利于调整国家产业结构

武术产业中，大部分都属于第三产业，只有武术用品业等少数行业属于第二产业。我国在现代化进程中，不断对产业结构进行调整，促进第三产业的大力发展，以期提高第三产业的产值。发展武术产业可以使我国第三产业的发展空间得到有效拓展。开发中西部的

武术产业能够使我国第三产业开发的地区不平衡问题得到缓解。武术产业有广泛的群众基础，而且在开发武术产业的过程中，民间开发活动也有不少，这就使政府经营的比例降低，使所有制结构失衡的问题得到了有效的解决。

四、传统武术产业化发展的问题

（一）产业化发展产生误区

当前，传统武术项目被分为两大运动系统，即套路和散打。武术套路的呈现形式主要是套路表演，其运动特征主要表现为高、难、美等，这是其受体操、舞蹈等体育项目影响的结果。实战是散手运动的核心，武术的对抗性特征在散打中有非常集中的体现。

套路与散打两种武术形式的发展使我国传统武术的发展走入了误区。这主要体现在武术的实战性在套路中表现得不明显，武术套路以演练为核心。此外，在散打比赛中，武术的四大基本技法（踢、打、摔、拿）因受规则和装备的限制而无法得以全方位的体现，因而我国传统武术丰富的文化内涵也难以充分表现出来。

当前的时尚生活价值观与传统的武术价值观之间的矛盾非常明显。因此，我们需要有机结合传统武术与现代时尚生活，对现代社会环境下传统武术产业发展的新思路、新方法进行探索，对更广阔的武术产业市场空间进行培育和开发。

（二）缺乏政策和立法支持

我国在开发武术市场，发展武术产业的过程中，出现了市场混乱的现象，如武术馆校审批混乱，虚假广告横行，武术培训的收费标准不统一，武术馆校胡乱收费等，这主要是由于我国缺乏相关政策，立法工作不到位等原因造成的。市场混乱对武术产业的发展产生了不利影响。

（三）市场发展不够完善

传统武术的产业化发展离不开科学高效的市场运营与管理，武术健身娱乐市场、竞赛表演市场、经纪市场、培训市场和传媒市场等都是传统武术产业化发展赖以生存的市场。目前来看，我国这些市场的开发与发展已经取得了一定的成效，但仍旧存在一些明显的问题。下面仅就武术培训市场、武术竞赛表演市场以及武术健身娱乐市场的发展情况进行分析。

1. 武术培训市场

作为主体市场的重要组成部分，武术培训市场主要有基本知识培训市场和技术培训市场两种类型。一般来说，我国武术基本知识的培训比较规范，负责培训工作的基本上都是国家相应主管部门指定与控制的教学或行政单位，培训场所固定，培训内容科学规范，教学环境与条件良好，师资素质较高。社会武术专业人员正式参加工作前的岗前或上岗培训一般都会在基本知识培训市场完成。

相比于基本知识的培训，武术技术培训就显得有些复杂了。我国的武术培训班最早出现于20世纪80年代初期，国际武术培训机构是在20世纪90年代才开始出现的。武术培训市场在近年来发展势头良好，这主要体现在规模日益扩大、参与者逐渐增加、国际化趋势明显增强等方面。可以说，我国武术培训市场取得的这些发展成就离不开社会对武术专业人才需求的增加，正因为有了这方面的需求，才使培训市场的发展有了动力。然而，因为我国政府与社会还未充分重视起这些市场项目，所以使得该市场的发展受到了制约，进而使传统武术产业的发展受限。

综上可知，当前我国传统武术的产业化发展现状并不乐观，而且传统武术产业的经营模式以分散经营为主，完整、系统的武术市场运作体系和模式还未形成与建立，传统武术产业与传统武术运动本身的发展相比而言相对落后。

2. *武术竞赛表演市场*

武术竞赛表演市场的开发力度与发展程度同传统武术的发展水平关系密切。社会上举办的武术赛事种类越来越多，而且大都取得了一定的收益，由此可见，我国武术竞赛表演市场的发展取得了一些成果。然而，因为我国武术产业发展的时间有限，还不具备雄厚的基础，加之内外各因素的制约，导致我国武术竞赛表演市场在发展中遇到了一些瓶颈与障碍。比较突出的障碍与问题有市场规模有限、资源短缺、主体不规范、政府干预多、市场结构混乱、机制不健全、管理松弛、营销观念淡薄等，这些问题严重制约了我国武术竞赛表演市场的发展。

此外，我国武术竞技表演市场中还存在着投资少、资金使用不合理、市场运作不规范等问题，这都对传统武术的产业化发展造成了制约。

3. *武术健身娱乐市场*

人们收入增加与生活条件得到改善后，健康意识也在逐步增强，而且对健身有着越来越多元的需求。在这一背景下，现有的武术健身娱乐市场规模与发展水平已难以满足社会大众的需要。为使人民群众增强体质、娱乐身心的需要得到满足，武术健身娱乐市场为武术爱好者提供了大量的武术器械、场地、技术指导等服务，但仍难以满足实际需求。

（四）缺乏传统武术产业化专业人才

世界体育的产业化、职业化发展进程在不断加快，发展规模在不断增加，因此相关体育人才的培养也得到了高度重视，包括对体育经纪人、高水平运动员的培养，这些人才的开发为世界体育的发展注入了新鲜的血液与无限的活力，各国普遍重视体育人才产业的开发。在这一环境下，武术作为我国的“国术”也必然与世界体育发展的新格局保持一致，这样才能使我国武术的发展更接近世界水平。

近年来，我国非常重视对武术经纪人的培养，而且取得了一定的成果。武术经纪人是为武术运动员服务的，但我国对武术运动员的培养却不容乐观，对武术运动员的培养规模及速度远不及对武术经纪人的培养。此外，我国也没有重视对有威望的民间武术家的开发，这种现象制约了我国向全世界推广武术运动，同时也影响了国内武术人才产业市场规模的扩大。

五、经济全球化背景下传统武术的产业化发展策略

（一）创建产业运作实体

传统武术的产业化运作与发展离不开专业的产业运作实体。当前，我国传统武术市场处于无秩序、无组织的状态，这一现状也对产业运作实体提出了一定的需求。对此，我们应积极对具有一定实力的产业实体进行创建，从而全方位整合我国传统武术丰富的产业资源及市场资源。

传统武术产业的发展离不开各种形式与规模的武术竞赛的举办。承办大型武术赛事需要在前期投入可观的资金，而且在赛事运作过程中还需要开展各方面的相关工作，如筹集资金、修建体育场馆、购买器材、吸引赞助商投资、组织赛事、聘请相关服务人员等。这些工作复杂烦琐，需要进行细致、周密且综合的考虑，如果其中一个环节出错，就很有可能使赛事举办方蒙受巨大损失。面对这些繁杂的工作，传统武术产业运作实体具有较为丰富的处理经验与专业的能力。所以，创建具有一定规模与实力的武术公司非常有必要，武术赛事的顺利运作与经营离不开武术公司发挥的作用。

另外，传统武术产业的发展也需要加强对武术俱乐部的建设。在传统武术产业运作过程中，武术俱乐部是作为基本的运作个体而存在的。当前，大规模建设武术俱乐部对于推动传统武术产业化发展的进程具有积极的作用。我国传统武术产业发展是以武术俱乐部为主要形式的，俱乐部能够利用自身的优势对某一拳种的武术竞技人才进行培养。此外，俱乐部还可以派队参加相关的武术比赛，在特殊地区对本地区特色的拳种俱乐部进行创建，这对传统武术文化的继承与弘扬也是非常有利的。

（二）拓展传统武术市场

传统武术产业的发展必须走市场化的道路。所以，要对传统武术的国内外市场进行积极开拓，使传统武术产业在良好的环境与条件中发展。

传统武术的产业化发展离不开对相关市场的开发与培育，因而必须积极开发相关市场资源，扩大有关市场规模，为武术产业的发展提供健康的市场环境。竞技市场、文化市场、消费市场等都是需要积极开发与拓展的武术市场，对这些市场的大力培育必然带动传统武

术产业的发展。

（三）鼓励传统武术消费

体育管理部门对人们参与传统武术健身进行正确的引导，对人们的传统武术消费进行积极鼓励，对传统武术消费主体进行培育等，也是促进传统武术产业化发展的一项重要举措。

要想促进人们的传统武术消费，就需要采取低价格策略，即消费者可接受的价格策略，从而使大众有条件、有能力为传统武术而消费。对传统武术消费进行鼓励还需要以消费者的年龄、职业、兴趣、收入以及需求等为依据来对不同的武术消费产品进行开发。只有开发丰富多样的消费产品，才能使消费者有更多的选择空间，也才能使消费者的各种不同需要得到满足。此外，创造多种多样的消费产品也有利于对消费者的消费欲望进行刺激，从而对广大的武术消费群体进行更好的培育。

（四）完善相关法律规范体系

我国体育产业的发展离不开相应法律规范的保障，但因为我国在发展体育产业的过程中还未建立起完善的法律体系，所以没有很好地监督与保护体育产业。我国体育产业的发展目前还处于初级阶段，要推动体育产业的持续健康发展，必须加强对体育产业法律体系的建立与健全。对于武术产业的发展，我们应该对相应的规范体系进行构建，保证我国可以合理有效地发展武术产业，推动武术产业向更高层次发展。

（五）发挥政府对传统武术的引导作用

我国传统武术的产业化发展模式主要有两种，即市场主导型和政府参与型。后者是社会主义市场经济体制下我国传统武术产业发展主要采取的模式，之所以采取该模式来发展传统武术产业，是由我国基本国情及传统武术这一产品的特性共同决定的。利用这一模式发展我国传统武术产业，需要加强政府宏观调控的作用。

政府在引导传统武术产业发展的过程中，主要从以下几方面着手来发挥自身的功能与作用。

首先，要确立其发展目标。只有目标明确了，才能使传统武术产业在正确的方向上逐步探索与发展。

其次，在对传统武术产业发展的目标进行确立之后，政府应对多项相关的扶持政策进行制定，对推动传统武术产业发展的策略积极进行探索，在体育产业发展规划中将传统武术产业确定为重点发展内容。

最后，政府还应促进传统武术产业相关法律法规的不断健全与完善，以对传统武术产业的发展进行正确与规范的引导。只有相关法律法规体系健全与完善了，才能将这些法律法规的作用充分发挥出来，也才能使传统武术产业在良好的法律环境中发展。

（六）培养传统武术产业化专业人才

武术专业人才在传统武术产业的发展中发挥着举足轻重的作用。当今社会，传统武术产业同时在国内外市场中发展，对数字化、网络化的技术手段进行大量的使用，而且同一市场上的武术公司之间的竞争特别激烈，不同市场间也存在着竞争，如何在竞争中取胜是各市场主体都面临的一个重大问题。

武术品牌的质量和武术专业人才数量、质量共同决定了企业主体在市场竞争中的成败。因此，应加强对传统武术产业的宣传，从而吸引更多的专业人才进入这一市场领域，相关人才在自己的职位上最大限度地发挥才能，在市场经济体制下不断充实与完善自己，从而与传统武术产业发展的要求逐步适应，进一步发挥自己在武术产业市场中的作用与价值。

另外，在我国传统武术的传承方面也需要大量的相关人才来对武术进行科学的理论研究，从而为武术的传承与发展提供科学的理论指导。因此，传统武术发展的一项基础保障就在于对武术人才体系进行建设与完善。

第四节　竞技体育背景下传统武术的竞技化发展

一、武术竞技化的发展历程

中华武术的发展时间比较长，不仅拥有别具一格的运动形式，还拥有浓厚的民族文化特色，此外群众基础也尤为深厚。从新中国成立以来，在党和政府、社会各界以及武术工作者坚持不懈的努力下，中华武术中的很多精华部分得以在竞技舞台上亮相。现阶段需要尽快完成的工作是高效制定出行之有效的可持续发展战略与对策。

1959 年，原国家体委充分借鉴了奥运会体操竞赛的方法与规则，制定了武术竞赛规则，随后又遵循竞技体育的模式，制定了武术团体、个人锦标赛和单项竞赛的制度，颁发实施了教练员、裁判员，运动员技术等级制度等。

从 1983 年开始，我国有计划、有步骤地向外进行了竞技武术的推广工作；1987 年、1990 年分别在日本横滨、中国北京成立了亚洲武术联合会、国际武术联合会，其他洲级武术联合会也相继成立，每年或隔年举行 1 次武术锦标赛。经过努力，武术被列为东亚运动会及第 11 届、第 12 届、第 13 届亚运会正式比赛项目，世界性的锦标赛也已举办 6 次，参加国家达 80 多个，人数近千人，竞技武术已跨入走向世界的新阶段。

近几年来，中华武术不仅全面落实了奥运战略思想，竞技武术也完成了深入改革和大胆创新，竞技武术的赛制、规则、裁判等多个方面都已经和奥运会竞技项目的具体要求相吻合。

需要补充的是，在市场经济全面深入的情况下，竞技武术的发展过程中逐渐出现了许多问题。在现阶段，竞技武术必须积极应对多方面挑战，具体有武术人才素质的挑战、武术经费不足的挑战、中华武术持续发展战略和客观规律有无贴合的挑战等。对竞技武术发展战略展开研究时，一方面要着眼于已经取得的成果，另一方面要全面接受并积极应对困境和缺陷。

二、传统武术竞技化的表现

（一）传统武术套路动作的标准化、难度化和美观化

传统武术套路竞技化是指传统武术套路为成为比赛项目对技术动作进行改造，其内涵可以从以下几方面进行理解。

1. 套路动作的标准化

传统武术套路动作没有形成成文标准和统一标准，并且传统武术门派十分多，由此造成人们对武术持有的态度存在很多不同之处，最终导致属于相同门派的不同人在演练相同动作时有很多种标准。然而，现代社会的体育项目都提倡公平、公正，即在统一动作的前提下采取统一标准来完成评价工作，由此可见，传统武术内容和现阶段的体育评价有很多不符合的内容。要想让传统武术和现代体育倡导的公平和公正尽可能统一起来，就必须全面统一传统武术的各项动作。手法、眼法、身法、步法是传统武术的重要组成部分，所以统一这几个部分是统一传统武术动作的有效途径。

2. 套路动作的难度化

模拟实战技击是传统武术套路演练的本质内容，所以演练过程中应当把重点定位成反映演练劲力和技击意识、通过一个动作的拆招来完成技击对抗的练习。由于下盘稳定情况对技击高度有重要影响，所以跳跃动作和转体动作没有被列入传统武术演练的内容中，因为跳起来往往会丧失身体重心，跳跃和转体造成落地不稳的情况也时有发生，会增加敌人进攻空档的机会。但现代武术最重要的目的是表演，把侧重点局限在高、难、新、美四个方面，由此造成现代武术对动作提出的要求和传统武术截然不同。为了解决目的不同的问题，传统武术不得不转变其内容，空中转体 360 度和空中转体 720 度的问题随之产生，但这些难度对技击的意义是可以忽略不计的，在传统武术中的数量同样十分有限，但如果现代武术缺少跳、转、翻等高难度的动作也就和空壳没什么两样。

3. 套路动作的美观化

传统武术套路动作的最终目的是技击实用，套路中的任何一个动作都需要拥有攻防内涵，拆开单练都能够实现，还可以单独作为技击方式来使用。例如，鹤拳中的华佗接骨方法就具备动作简单、动作实用的双重优势，但不足之处是不能满足人们的审美需求，而竞技武术套路表演要求武术动作达到美观性要求和潇洒大方的要求，所以为了让动作更加美观常常会采取简单动作复杂化的手段。

（二）传统武术对抗的规范化

传统武术对抗竞技化就是传统武术对抗技术为达到现代规则的比赛提出的各方面要求，而逐步实现科学化、规范化、标准化的过程。巨大部位规范化是传统武术对抗竞技化的重要反映。公开擂台与个人私斗是传统武术对抗的两种类型，公开擂台往往不受具体规则的制约，参赛双方在参赛之前会签订生死状，表达对打死无怨规则的认可，所以为获胜，双方会把致命致残的部位当成重要攻击部位，但当今社会的武术对抗散打对禁击部位做了明确说明，具体有裆部和后脑。

除此之外，传统武术对抗的规范化还反映在技术的实用性上，传统武术对抗主要以踢、打、摔、拿为重要内容，具体包括传统武术的擒拿和插眼等多项技术，使用这些技术难免会对运动员的安全带来很大威胁，如使用插眼很容易让运动员出现伤残，因而现代武术对抗为保障运动员的人身安全只留下了踢、打、摔。

（三）传统武术规则的统一化

传统武术竞技化的一项显著特点就是传统武术套路表演与对抗规则的统一化。对于传统武术来说，套路与对抗之间是一体的关系，但近代传统武术竞技化导致传统武术划分成了武术套路与散打两个层面，同时制定了对应的竞赛规则。

就对抗方面来说，擂台是古代常见的对抗方式，擂台不存在统一规则，一部分制订简单的规则只是把打死或认输当成评判标准，还有一部分是把约定方式当成判断输赢的标准。但是这些对抗规则不只是和体育比赛的竞争性要求不符合，也不符合人们在对抗激烈性方面的审美需求，运动员的人身安全也难以保障，非死即伤往往是对抗的最终结果。同时，判定比赛中一方获胜的结果常常不够正规，没有明确说明获胜者是否就是无伤者，也无法客观评价比赛双方都受伤的比赛。除此之外，在擂台赛中没有对选手的体重做明确划分。由此可知，传统武术没有达到西方竞技体育提出的公平竞争原则，所以为突显出西方体育公平竞争的原则，针对传统武术对抗制定了比赛规则，具体包括划分体重、明确规定禁用技术等，从而和西方竞技运动保护运动员以及公平竞争的体育精神保持统一。

分析武术套路规则可知，传统武术也有很多套路表演，但这些套路表演只是一种娱乐方式，没有发展为成文规则来对套路表演的实际水平进行客观评价。发展至现代化社会以后，为达到让传统武术演变为比赛项目的目标，统一了各种手形与步型，同时评价套路表演水平的详细规则如动作质量、难度分以及演练水平是武术套路评分的重要组成部分，最终成绩是三项得分的总和。具体来说，动作质量得分主要取决于步型、手型、器械，难度分就是完成各类腾空跳跃动作与翻转动作的综合情况，演练水平是指专业教师结合自身感觉进行科学判断。科学制定具体规则后，传统武术还需要符合西方体育比赛提出的具体要求，最终成为现代化比赛项目。

三、传统武术竞技化发展的原因

（一）受现代竞技体育思潮的影响

传统武术的发展也受到了现代竞技体育思潮的深刻影响，这也推动了我国传统武术走向竞技化的发展道路。现代竞技体育的特征非常明显且独特，具体表现在两方面。

第一，竞技主体非常明确。只要是竞技项目，其比赛目标必然与其他项目有区别，如果竞技主体模糊，就无法与竞技体育的要求相适应。

第二，竞赛规则科学周密。竞技体育设置严格的精神规则主要是为了使比赛更加公正、公平，竞赛规则中非常客观地规定了比赛的内容、性质、要求和判罚尺度等要素。为了适应竞技体育主体明确和竞赛公平公正的要求，武术的打和练被分离，套路被分解。

改进与规范传统武术套路也是传统武术竞技化发展的基本要求。为此，有关部门出台了大量规则。此外，现代竞技体操项目的评分办法也被运用到了传统武术中，这主要是为了确保武术套路竞技规则评判的客观性。我国传统武术的竞技化发展在现代竞技体育思潮的影响下越来越规范。

（二）西方体育文化传入中国

我国传统武术的发展因西方体育文化的传入而受到了严重的冲击。西方体育具有突出的科学性和规范性，因而其普及起来较为容易，也正是因为这些优势，其才占领了我国传统武术的市场，对传统武术的发展构成了威胁。对此，我国传统武术要想减少冲击力度，获得良好的发展，就需要用最先进的成果来进行适度的竞技化改革与创新。

但是，改造必然会破坏传统武术的初始形态，因此传统武术的发展面临着两难的选择。如果承认传统武术是体育运动，那么就要以体育的要求为标准来对传统武术进行改造，排除那些与体育要求不相适应的内容。但倘若不承认传统武术是体育运动，使武术与现代体育相脱离，传统武术就难以继续发展下去。

面对两难抉择，传统武术可按照新型体育的方向发展，即发展成为一项新兴体育项目，竞技化为其发展提供了可能。在习武过程中，人们必然会做大量的身体练习，身体练习又是体育的范畴，所以还是要从体育的角度来考虑其发展。传统武术运动要想发展成为适合比赛的运动项目，就需要对击打部位进行适当限定，或采用一定的规则，对其中适合比赛的内容进行选择。对于不适合比赛的那部分内容，可按照健身体育的要求来发展，因为这部分内容的健身功能还是比较突出的。大部分武术内容的表现形式无非都是两种，即竞技体育、健身体育。

（三）社会转型推动武术变革的进程

在我国逐步从近代社会转型为工业社会、积极适应社会化大生产要求、积极创造服务于社会发展的新型文化的背景下，传统文化不得不面对的危机随之而来，同时被迫朝着近代转型。在社会转型和传统文化转型的过程中，传统武术长期扎根的土壤受到很大破坏，对应的表现是在社会分工越来越具体和生活节奏持续加快的情况下，传统武术以往比较稳定的传承结构正在慢慢消失。在家庭结构变化和传统伦理变化的情况下，传统武术的师徒关系已经不如过去那么紧密。法治社会的建立和社会安全保障水平持续提升的情况使得人们对武术的需求正在不断减弱，以提高身体素质与竞技水平为宗旨的武术应运而生。

四、传统武术竞技化的本质

武术竞技化起源于武术运动的竞技性。武术得以产生的原因是原始社会人民对物质的争夺，同时反映了武术本身具备的竞争属性。在秦汉之前社会动荡、战事频繁的影响下，使得社会上逐步形成了推崇竞争与武力的氛围。这个时期的武术都是真实搏斗，并不包含现代竞技运动的特征。

伴随着大一统的完成，以及在我国传统文化的长期作用下，传统武术的竞技性特征已经远没有过去鲜明。自秦汉以后，我国社会逐步过渡到了统一社会，国家局势的稳定性特点更加鲜明，人们之间的斗争性被大幅度削弱，儒家倡导的思想和道家倡导的思想都对竞争进行了否定。

在多种思想的长期作用下，自先秦开始的竞争特征被大大削弱，借助套路演练来进行模拟对抗的情景越来越多，出现了用功力展示替代直接对抗、通过道德发挥约束作用的君子之斗的现象。除此之外，很多兵家谋略被运用在武术中，进而出现了在对抗过程中为取胜要手段的情况，同时将其称为智胜。

传统武术的现代转型成功开启了武术竞技化的发展进程。自近代开始，西方文化和坚船利炮同时进入我国，在文化势差的影响下，我国相关人士提出了以西方为师的口号，尽全力达到民族独立、人民解放的目标。在进化论与社会有机体论传入并逐步渗透的背景下，我国人民主动喊出“体育强国”的口号。但是第一次世界大战人类相互残杀与战后部分西方国家的衰败给我国人民留下了难以磨灭的阴影，一些国人开始立足于我国传统文化来寻找我国今后的出路，“应崇旧有之武术”应运而生。但需要注意的是，“崇旧有之武术”并非完全照搬，它是对中华武术结合西方“民主”和“科学”理念开展的整合、改造，最终实现扬长避短、推陈出新的目标，中华传统武术也从此踏上了现代转型的道路。

在民族主义呼声越来越高和西方侵略脚步越来越近的时代背景下，改变传统武术内容和传统武术组织形式正式拉开序幕。1918 年，马良提出了中华新武术，武术被大体划分成了摔跤、拳脚、棍术、剑术四个类型，武术团体教学也由此产生。1923 年，马良等人在上海成功举办了全国武术运动大会，武术套路被设定为表演内容。1924 年，民国第 3 届运动会第一次把武术套路增加到表演赛项目中，同时制定了手、眼、身、法、步五项技法实施评价的简易规则，在表演过程中主要采取 W 套路表演，真正的武术对抗起源于“国术国考”。中央国术馆于 1928 年成立，1928 年和 1933 年相继举办了两届“国术国考”并明确制定了很多项规则，过去的庙会献艺和擂台比试的竞赛手段被完全打破，进一步巩固了武术对抗形式、武术评价方法，这是中华武术在竞技化过程中的重要突破，遗憾的是国民武术改革伴随着民国消亡而终止。新中国成立之后，在过去的基础上继续发展武术竞技比赛，武术竞技比赛由此迈入正轨。

综上所述，传统武术竞技化就是传统武术现代转型过程中的产物，其本质就是传统武术参照西方训练手段和比赛手段实施改造，从而使传统武术更加形式化、规范化、标准化、科学化，最终为传统武术参加比赛提供便利。

中华武术原本并没有传统与现代之分，因为我国在 20 世纪 80 年代大力支持竞技体育，所以竞技武术由此产生，竞技武术快速转变成了现代武术的主导，很多人将竞技武术理解成现代武术是不正确的，竞技武术和现代武术之间是整体与部分的关系。因为一些人没有肯定竞技武术，所以就出现了传统武术。因为竞技武术逐步发展成了现代武术的主导，所以人们经常会对竞技武术与传统武术进行比较，但是我们必须在逻辑上划分清楚。现代武术就是吸收西方体育思想的新型武术。

五、传统武术竞技化发展中的问题

西方体育文化传入我国深刻影响了传统武术的发展，而且使我国传统武术走向了竞技化的发展道路。在这一发展道路中，传统武术的发展面临着诸多问题。

（一）技术风格的变异

我国传统武术在向竞技化方向发展的进程中，出现了技术风格变异的问题。传统武术走向竞技化，一定程度上离不开竞赛的导向作用和奥林匹克文化的影响，而且，传统武术活动也是在这些因素的影响下遭受了重大冲击。

除了受外部影响外，我国传统武术的发展也受到了自身因素的制约，如找不到交流与认同的机会、不规范问题严重等。因此，在内外因素的共同影响下，效仿竞技成为传统武术发展的一条关键性出路，传统武术也因此而走上竞技化发展之路。

在传统武术表演中，为了提高套路运动表演的观赏性，在其中大量融入了新编长拳类的难度动作，如此一来，风格各异的两种效果就产生了，传统武术中原有的一些特色因此也不复存在。武术套路运动中除了起势与收势，在其他部分都将竞技武术动作融入其中。可见，在传统武术的竞技化发展过程中，武术逐渐失去了本身的风格与特色，也慢慢丧失了自己的传统，这对其健康与可持续发展是极为不利的。所以，传统武术在融合西方竞技技术动作中，要注意保持自身的风格与特征，保留自己的传统，在此基础上再进行适度的融合与合理的创新。

（二）发展道路的选择

传统武术之所以走向竞技化发展道路，按西化模式发展，主要是受到了西方进化论与体育竞技思想的启蒙性影响。西方竞技体育文化的发展源于古希腊文化，分析思维方式是古希腊文化的核心，所以不同运动项目分类竞争的格局在西方竞技体育中逐渐形成。而传统武术文化的发展源于我国传统文化，而且我国传统文化对于系统思维更为重视。

从文化起源来看，我国传统武术的竞技化发展实质上体现了对中国传统思维方式的突破和对西方思维方式的借鉴。“能击善舞”的产生源于中国传统文化中的系统思维方式，“击舞分离”思想的产生源于西方古希腊文化中的分析思维方式，其更注重公平竞争。因而，“能击善舞”与“击舞分离”是一对非常突出的矛盾。

东西方文化中思维方式的不同使传统武术形成了两大运动体系，即套路和散打，不同的散打比赛级别与套路比赛项目在后来也相继产生。竞技武术中严格分离了套路与散打，二者相互独立。可以说，套路与散打的分离与西方公平竞争等思想是相符的。

然而，我国传统武术应按照多元的模式发展，只按照西化模式发展是不合理的。对此，我们要对适合我国传统武术现代化发展的道路进行积极的探索。选择何种发展道路直接决定了传统武术的发展质量与前途。

六、武术竞技化发展的策略

从特定角度来看，可以把竞技武术在世界各国大范围推广并跻身奥运会的过程理解成企业经营管理和营销的过程，但企业经营管理和营销的观念是产品能否在市场上立足并发展的决定性因素，特定观念常常会由此出现有针对性的运作哲学和运作导向行为。竞技武术是软性产品中的一种，要想在全球范围内拥有广阔的市场，一定要在观念与营销策略两个方面进行重新思考、重新调整。

（一）转变观念，革新自身

转变观念是指对生产观念与管理观念进行转变，对于竞技武术来说，就是把这种软性产品转变成世界各国都肯定的产品。经济学家指出，倘若将体育竞赛当成一种产品，那么运作的所有环节都需要紧紧围绕消费者实际需求，产品的设计环节、生产环节以及包装环节都应当把以消费者为中心的理念充分反映出来，也要把这种理念贯穿在营销的整个过程中。要想让竞技体育在国际市场中占据更多份额，推动竞技体育以更快的速度发展，相关人士必须进行更深入研究。

对于竞技武术来说，不只是要保留基本特征，还要主动革新套路的内容与结构，促使竞技武术在具备民族项目基本要素的基础上，也可以把各个国家都融入本民族同一类别有关的内容与素材。如此，不但能有效解决以往竞技武术套路模式化的类型问题，而且有助于以往的竞技武术套路更加多元化，进而更好地适应世界各国人民的喜好与需求，此外也能有效提升竞技武术套路的观赏性和娱乐性，对武术爱好者和观众产生更大的吸引力，最终使竞技武术的经济效益与社会效益得到大幅度提升。

（二）主动借鉴成功的竞技体育发展经验

国际上大型体育赛事的推广与营销经验证实，对于战略计划来说，第一步是把国内大型赛事活动定位成全球化产品，坚持实施全球化市场发展战略，对实施过程中的具体方针有清晰定位。具体定位是依托国内情况来推行严谨的扩展政策，将国内市场作为立足点，不断扩大国际市场，为此应当在组织机构方面进行高质量设计和运作，积极归纳成功经验，常见内容包括以下几个方面。

第一，用最快速度成立在世界各国推广竞技武术的专门机构和各国分支机构，开展全球范围内的总体规划与运作，派遣各类人员在各大洲成立办事处并完成相关工作，构建出完善的信息网络和控制系统，尽全力达到统揽全局的目标。

第二，充分挖掘和发挥竞技武术协会企业制管理模式的作用，促使竞技武术对应的专业队和俱乐部队的准奥运会制得到进一步改善，同时尽全力将其推向市场，逐步过渡到国家与社会共办的市场化格局，促使改革体育管理体制更加深入、更加高效。

第三，组织相对应的文化传媒，实施计划明确的包装宣传，组建专家讲学团，在世界各国完成表演、巡回赛以及演讲，充分发挥现代媒体的作用，采取多种途径来拓展宣传范围。

第四，适度加大建设包括国外基地在内的综合基地的力度，加快人才的合理流动，最终达到竞技武术资源全球性优化配置的相关要求。

第五，充分发挥先进科学技术的积极作用，高效完成竞技武术竞赛的现代化目标、科学化目标以及规范化目标。组建竞技武术产品的开发研究机构，构建出世界性竞技武术硬性产品的连锁市场，促使竞技武术硬性产品化的规模进一步扩大、效益进一步提升。

第六，储备竞技武术的发展基金，努力让战线缩短，保证重点，将部分经费投到国内武术博览会、国际武术博览会、武术旅游节、学术论坛会、展销会上，召开各种类型的竞技武术发展咨询会以及商讨会，把来自不同领域的群众发动并组织起来，在群众中进行大范围宣传。

七、竞技体育背景下传统武术竞技化发展的启示

竞技是传统武术现代化发展的核心，而且其现代化发展也离不开对西方竞技体育发展经验的借鉴。传统武术向现代化转型的进程因为参照了西化模式而加快了，但传统武术的发展也因此而受到了制约，这主要体现在传统武术文化的全面传承受到了影响。发展我国的传统武术，不仅要保护这一非物质文化遗产，而且要使其在发展中不断创新，与当今时代和未来的发展要求不断适应。

传统武术走竞技化发展道路，需要对传统武术发展规律严格加以遵循，不断从中吸收精华，保持武术的传统文化风格。这样才能进一步促进传统武术竞技文化内容的丰富，才能更好地实现传统武术的改革与创新。

传统武术与竞技体育之间的关系非常密切，竞技化是我国传统武术发展的一大特色与趋势，对传统武术发展中的问题进行分析与研究，能够为传统武术和竞技武术的发展提供一些有价值、有意义的启示。

传统武术运动有丰富多彩、风格各异的拳种，这也是我国武术运动独特魅力的表现。为了使这些拳种的风格与特色得到有效的保持，广泛传播这些富有魅力的拳种，必须严格规范传统技术体系的建立，并加强对其的完善。

在建立科学规范的武术技术体系的过程中，对于具有丰富文化内涵、明显技击特征和对人类健康有利的技术动作，要积极予以肯定、继承和发扬。对于套路技术动作，要在与当代人们健身与娱乐需求相符的基础上对其进行发展与完善，这主要是为了与人们生活方式的转变相适应，促进传统武术更加简单化，使传统武术易学、易推广，从而更好地实现竞技化发展。

总的来说，要促进传统武术的进步与发展，就需要扫除完全参照西化模式的弊端，对更适合武术特点的本土发展模式进行探索与建立，使传统武术按照多元模式向竞技化方向发展，从而取得更好的发展成果。

参考文献

[1] 王耀文，成英，王永祥．武术文化传承与教育研究 [M]．北京：光明日报出版社，2015.

[2] 朱东．竞技武术科学化训练探微 [M]．成都：四川大学出版社，2007.

[3] 李新龙，叶菁，康帆．传统武术训练新理念与实践 [M]．长春：吉林大学出版社，2011.

[4] 马睿．传统武术文化阐释与训练实用指导 [M]．北京：中国水利水电出版社，2017.

[5] 蔡龙云．武术运动基本训练 [M]．上海：上海教育出版社，2006.

[6] 李洪超，王晓娟．基于文化自觉视角的体育武术研究 [M]．北京：中国原子能出版社，2018.

[7] 董世彪．武术文化国际性传播研究 [M]．北京：人民体育出版社，2015.

[8] 何柳泓，徐飞，李宁．武术传统文化诠释与新学练 [M]．北京：当代中国出版社，2011.

[9] 梁永文，石伟，王庆斌．中华武术文化传承与实用技法学练研究 [M]．北京：中国时代经济出版社，2012.

[10] 佟秀春．我国传统武术教学与创新发展研究 [M]．北京：中国书籍出版社，2014.

[11] 王继全．高校传统武术教学的发展与实践研究 [M]．北京：中国纺织出版社，2018.

[12] 刘欧美．武术运动的国际化传播研究 [M]．北京：光明日报出版社，2015.

[13] 向斌．高校武术运动健身与养生研究 [M]．长春：吉林大学出版社，2014.

[14] 吴瑕．武术运动在城市社区中的科学开展研究 [M]．北京：光明日报出版社，2016.

[15] 梅汉超，刘祥友，王泽善．高校武术运动健身与养生 [M]．北京：中国商务出版社，2010.

[16] 郭兵，钱强，席志梅．武术运动对高校学生学业紧张压力的影响 [J]．医学研究与教育，2018，35（4）：52-57.

[17] 赵克昌．高校学生武术训练中运动损伤的成因与对策研究 [J]．九江学院学报（自然科学版），2018，33（1）：123-126.

[18] 李科．高校武术散打教学中常见的运动损伤与预防 [J]．柳州职业技术学院学报，2014，14（3）：127-130．

[19] 刘龙．高校武术散打运动损伤的成因及预防研究 [J]．当代体育科技，2017，7（35）：171-172．

[20] 纪本平，李永超．高校武术散打课教学中运动损伤的致因分析 [J]．中华武术（研究），2017，6（5）：20-23．

[21] 顾建春．高校武术散打运动损伤的成因及预防研究 [J]．当代体育科技，2017，7（13）：9-10．

[22] 黄长剑．浅析影响高校武术运动发展的原因及对策研究 [J]．商，2016（32）：99．

[23] 王达，尹铁军．高校武术散打课对健身运动处方价值探究 [J]．武术研究，2016，1（3）：72-73．